ÖLÜM ÖTESİ HAYAT

M. Fethullah Gülen

İlim ve Din Serisi - 1

ÖLÜM ÖTESİ HAYAT

M. Fethullah Gülen

İZMİR - 2001

İLİM VE DİN SERİSİ

NİL YAYINLARI: 009

DİZGİ-TASHİH-MİZANPAJ-MONTAJ
VE KAPAK TASARIM:

NİL A.Ş. TEKNİK SERVİS

ADRES:

NİL A.Ş.
Sarnıç Yolu No: 5 (35410) Gaziemir/İZMİR
Tel: (0-232) 252 22 85 Faks: 251 38 96
Web Adresi: http://www.nil.com.tr
E-posta: info@nil.com.tr

BASKI:
ÇAĞLAYAN A.Ş.
Sarnıç Yolu No: 7 (35410) Gaziemir/İZMİR
Tel: (0-232) 252 20 97 - 98

ISBN 975-7292-41-9

Haziran 2001

İÇİNDEKİLER

TAKDİM

İslâmiyet'in mühim bir rüknü olan "ÂHİRETE İMAN" esası, birkaç asırdır, bütün dünyayı baskısı altında tutan materyalist görüş tarafından reddedildiği için bütün insanlarda olduğu gibi maalesef Müslümanların kalbinde de zayıflamıştır. Bu durum iç huzurumuzu alıp götürdüğü gibi, insanlar arasındaki samimiyet ve itimadı da yok etmiş ve dünyayı yaşanmaz hale getirmiştir. Kur'ân'ın üçte birinin âhiretten bahsetmesine rağmen, Müslümanların bile bu huzur kaynağından mahrumiyetle karşı karşıya kalmaları düşündürücüdür.

Eskiden iman umumî olduğu için, sıhhatli bir cemiyet bünyesinde inkâr hâdisesi, nefret edilen bir illet olarak değerlendiriliyordu. Çünkü ekseriyeti teşkil eden ve sâfiyeti bozulmamış büyük kitle, dalâletle karışık vaziyette bulunan o zamanki felsefe ile zihnini bulandırmadığı için naklî esaslara gönülden bağlanıyordu. Bu sebeple o gün için münkirler, felsefe ile meşgul olan ekall-i kalîl içinde bulunuyordu. Hattâ bir İslâm filozofu olarak bilinen İbn-i Sîna gibi bir dâhi bile mensub olduğu felsefî görüşlerin tesiriyle, "Akıl bu yolda gidemez" diye hükmedebiliyordu.

Şimdi ise, her çeşit inkâr ve ilhâd anlayışı omuz omuza verip keskinleşmiş ve iman esaslarını şüphe ve tereddütlerle sarsmıştır. Bunun ötesinde de "evrim" gibi birçok materyalist görüş ülkemiz dahil bütün dünyada senelerdir mekteplerde genç nesillere telkin edilmiştir. Bu bakımdan çok ciddi bir noktada bulunduğumuz ortadadır. Çare olarak da, bu hakikatin Kur'ânî ve aklî bir metodla isbâtı yani âhiret gerçeğini aklına sığıştıramayan insanlara yeni bir ufkun açılması gerekmektedir.

Gerçekten de "Haşr-i A'zâm, İsm-i A'zâm tecellisiyle olduğundan Cenâb-ı Hakk'ın İsm-i A'zâmının ve her ismin âzâmî mertebesindeki tecellîsiyle zâhir olan ef'al-i azîmeyi görmek ve göstermekle Haşr-i A'zâm bahar gibi kolay isbât ve kat'î iz'ân ve tahkîkî iman edilir." İşte bunun için görüyoruz ki, sohbet ve vaazlardan derlenip kaleme alınan elimizdeki bu eserde Cenâb-ı Hakk'ın, Rahîm, Hakîm, Hafîz... gibi isimleri ele alınarak yepyeni bir isbât metodu sergilenmiştir. Ayrıca bu inancın cemiyetin çeşitli kesimlerinde bulunan insanlar üzerindeki güzel tesirleri ele alınarak pratik faydalar da izah edilmiştir. İçimize ötelerin neşvesini nefheden bu çalışmanın anlayış ve bakışlarımıza yepyeni buudlar kazandırmasını temenni ederim.

Safvet SENİH

ÖNSÖZ

Ey Yücelerden Yüce!

Yolumuz üzerine serip sergilediğin sonra da bizi görmeye dâvet ettiğin meşherlerini, en mükemmel şekiller halinde sarıp sarmaladığın en bedîî, en çarpıcı sanat eserlerini ve Sana ait gizli güzelliklerin tecellileri olarak binbir renk cümbüşü haline getirip ve yine Senin bir sanat mecmuan olan tabiatın sînesine yerleştirdiğin o, gözleri kamaştıran, başları döndüren resimlerin en parlağı, en mevzûnu ve birbirleriyle fevkalâde tenâsüb içinde bulunan eşya ve hâdiseleri seyredip, kaleminin sesinde ve o kalemle yazıp ortaya koyduğun kitabının âhenginde, Seni görüp, Seni duyup ruhumuzla kanatlanırken, isimlerinin ışığı altında açılan menfezlerden görülen bütün nizam ve âhenklerin, müşahede edilen umum renk ve suretlerin; her tarafta duyulan ses ve nağmelerin bu seslerden meydana gelen koro ve senfonilerin menbaına gözlerimiz kaydı. Gönüllerimiz, o her şeyin kaynağı olan yüce âlemlerin esrârıyla kendinden geçti..

Kalp ve iman gözüne açılan o ayrı ayrı pencerelerden öteleri seyre dalıp, gönüllerimizdeki "tûbâ-i cennet" çekirdeğinin bir ağaç hâlindeki aslî hüviyetini müşahedeye cür'et ettik. Ve ötelere, ötelerin de ötesine uzayıp giden çok uzun, çok çetin fakat çok zevkli bir seyahate yeltendik. Bunu yaparken de beyânını ruhumuza rehber eyleyerek, isim ve sıfatlarının aydınlatıcı tayfları altında ve yine yol yol sonsuzluğa giden nurdan hakikatlerle kanatlanıp yollara döküldük.

Kelâmında anlatılıp resmedilen; en ince teferruatına kadar haritası çizilen; nihayet bir kutlunun mi'racıyla bütün bütün kapıları açılıp her marifet erinin gönlündeki arşiyeleriyle, o âlemlere yükselme imkânı doğan bir ulu seyahatta, haddimizi aşıp esrarlı kapılarının tokmağına dokundu isek, edeb ve erkân bilmeyen ham ruhlarımızın görgüsüzlüğüne vererek, bizi bağışlamanızı diler affına sığınırız.

Ey, bizleri varlığa erdiren ve var olmadaki sonsuz zevki gönüllerimize duyuran Güzeller Güzeli Yüce Yaratıcı! Bu koskoca kâinatları bir kitap gibi önümüze seren Sen; onun esrarını vicdanlarımıza duyuran Sen ve vicdanlarımızı lâhûtî esrarının mevcelenip geldiği iklime bir sahil yapan yine Sensin! Sen bizleri var etmeseydin bizler var olamazdık. Bu muhteşem kâinatları bir kitap gibi önümüze açıp, yüce teşrifatçı ve tarif edicilerinle anlatıp bizlere şerhetmeseydin, Seni bilemeyen, gönlüne eremeyen cahiller güruhu olarak yıkılıp gidecektik. Lûtfedip de kâmetlerimize göre kendini bize anlatmasaydın, haricî dünyalar ile vicdanlarımız arasında irtibatlar temin ederek, Zât-ı Ulûhiyetin adına bildiğimiz ve bileceğimiz şeyleri tutup yakalayacak, şekillendirip istikâmet verecek; ilmi ilim, marifeti marifet yapan bir ilk tasdik ediciyi ruhumuza yerleştirmeseydin, nereden bunları ve Seni bilecek ve yoluna hayranlık duyacaktık!..

Bizler Senin kapının boynu tasmalı kulları, vicdanlarımıza aksedip duran parıltılar da Senin varlığının ziyasıdır. Biz neye maliksek Senin vergin, Senin atândır. Bunu bir kere daha ilân ediyor, kapının âzâd kabul etmez kulları olduğumuzu itirafla ahd u peymânımızı yenilemek istiyoruz.

Ey zikri, fikri ruhlara itmi'nân veren Gönüller Sultanı! Senin öğrettiğin ve ruhlarımıza duyurduğun şeyleri, gönülleri, gönüllerimiz gibi mürde ve derbeder olanlara ulaştırmak için, yer yer eşya ve hâdiselerin dolapları içine girerek, yer yer benliğimize dönerek olup biten şeylerden ve bu umûmî gidişattan Senin varlığına bakan pencereleri, Senin huzuruna yükseltecek yolları araştırıp tesbite çalıştık.

Bunları yaparken hata ettikse, Sana gelirken ve başkalarına yol göstermeye çalışırken ettik. Kusur yaptıksa Senin yolunda yaptık. Hata daima hata, kusur da daima kusurdur. Bizler kalpleri kırık, ruhları iki büklüm, boyunlarında tasma vereceğin hükmü bin cân ile intizar etmekteyiz. Bunu derken biliyoruz ki, Senin sonsuzluğa kadar gidip dayanan rahmetin daima gazabının önünde olmuştur. Senin lûtuflarını idrâk etmiş kapıkullarına, kusurun yaraşıp yakışmadığı muhakkak; ama, affın, Size çok yakıştığını söylememize lütfen müsaade buyurunuz!

Evet, Sultanım: "Sultana sultanlık, nitekim gedâya gedâlık yaraşır."

HAŞİR AKÎDESİNİN FAYDALARI

Allah'a imandan sonra, hayatı tanzîm edip bir düzene koyma, beşerin toplu olarak huzurunu temin etme; haşre yani ölüm ötesi hayata inanmaya bağlıdır.

Yaptığı şeylerin hesabını vereceğine inanmayan bir insanın hayatının müstakîm olması düşünülemez. Buna karşılık, attığı her adım için öbür âlemde Allah'a hesap verme düşüncesini eksik etmeyen, her davranışı bir hesabın ifadesi olan, her sözü, her dinleyişi ve her kalbî temâyülünü ötede Allah'a hesap verme havasına göre hassasiyetle ele alan kişinin de hayatı oldukça muntazam bir şekil arzeder.

وَمَا تَكُونُ فِى شَأْنٍ وَمَا تَتْلُوا مِنْهُ مِنْ قُرْآنٍ وَلاَ تَعْمَلُونَ مِنْ عَمَلٍ اِلاَّ كُنَّا عَلَيْكُمْ شُهُودًا اِذْ تُفِيضُونَ فِيهِ وَمَا يَعْزُبُ عَنْ رَبِّكَ مِنْ مِثْقَالِ ذَرَّةٍ فِى الْاَرْضِ وَلاَ فِى السَّمَاءِ وَلاَ اَصْغَرَ مِنْ ذَلِكَ وَلاَ اَكْبَرَ اِلاَّ فِى كِتَابٍ مُبِينٍ.

"Ne işte bulunsan, Kur'ân'dan ne okusan ve siz ne iş yapsanız mutlaka biz, içine daldığınız an üzerinizde şâhidiz (her yaptığınızı görürüz). Ne yerde, ne de gökte zerre ağırlığınca bir şey, Rabb'in(in bilgisin)den kaçmaz. Ne bundan küçük, ne de büyük hiçbir şey yoktur ki, hepsi apaçık bir kitap (Allah'ın bilgisinin nakşedildiği Levh-i

Mahfuz)da olmasın... (Allah'ın bilgisi herşeyi içine almıştır. O'nun bilgisi dışında kalan hiçbir şey yoktur. Her olay, ancak O'nun bilgisi ve izniyle olur.)" (Yunus, 10/61)

Yani bütün davranışlar ve hareketler, kerîm melekler tarafından tesbit edilmektedir. Büyük, küçük, gizli ve açık; bizim hakîr, Allah'ın azîm gördüğü veya bizim azîm Allah'ın hakîr gördüğü -hangi hesap içerisinde ele alınırsa alınsın-yaptığımız herşey tesbit edilmekte, herşeyimize nigehbân gözetleyenler, yazanlar ve herşeyimizin hesabını görmek üzere "DEYYÂN" olan Allah hâzır ve nâzırdır.

Bu ruh ve şuur içinde yaşanan bir hayat müstakîm; bu ruh ve şuur içinde yaşayan fertlerin teşkil ettiği toplum huzur içinde; yine bu ruh ve şuur içindeki aile ocağı da, yaşadıkları aileyi cennet bahçelerinden bir bahçe haline getirmişlerdir.

Evet beşerin çılgınlıklarını bırakabilmesinin tek yolu vardır; o da öldükten sonra dirilmeye inanmasıdır. Gençliğin çılgınlıklarının önünü alacak, onun hezeyanlarını önleyecek, yavaş yavaş ölüme doğru giderken her adımda ayrı bir inkisâr ve ümit kırıklığına uğrayan ihtiyarlara ümit kaynağı olacak, çocukların mukavemetsiz kalplerinde her an saâdet şem'â ve şulelerini yakıp aydınlatacak da ancak haşre iman ve inançtır.

Gençten ihtiyara, kadından erkeğe, âdilden zâlime herkes için içilen su ve teneffüs edilen hava kadar haşre imana ihtiyaç vardır.

Haşre iman denen bu şerbeti içmek aynı zamanda yudum yudum huzuru yudumlamak demektir. Bu sebepledir ki, beşerin sulh ve salâhı için uğraşan ve ona huzur bahşetmeyi gaye edinen bütün fikir adamlarının; meseleyi bu zaviyeden değerlendirmeleri gerekmektedir.

Ferdin, âilenin, cemiyetin ve topyekün bütün insanlığın hakîkî refâh, saâdet ve huzura erebilmesi ancak ve ancak, büyük-küçük bütün amellerin hesabının görülebileceği bir âhiret yurduna inanmaya bağlıdır.

Kur'ân-ı Kerim:

فَمَنْ يَعْمَلْ مِثْقَالَ ذَرَّةٍ خَيْرًا يَرَهُ وَمَنْ يَعْمَلْ مِثْقَالَ ذَرَّةٍ شَرًّا يَرَهُ

"Artık kim zerre ağırlığınca hayır yapmışsa onu görür. Ve kim zerre ağırlığınca şer yapmışsa onu görür. (İnsana ameli gösterilir, insan yaptığını görür.)" (Zilzâl, 99/7-8) diyerek, zerre miktar hayır işleyenin hayrının mükâfatını; ve zerre miktar şer işleyenin de şerrinin cezasını göreceğini ilân etmekte ve insanlara bu mesuliyet duygusunu aşılamaktadır. İnsanlar bu iman ve inanca sahip olduktan sonra, artık ona اعمل ما شئت *"İstediğini yap!"* denebilir. Zira vak'a ve realite, yapılan herşeyin aynen karşılık göreceği kat'iyetini ifade etmektedir. Bu anlayışda bir insan, alnını ak, yüzünü pâk edecek ve ötede onu mahcub edip yere baktırmayacak işler yapma lüzumunu duyacaktır.

Çocuk, o zayıf, o nahîf ruhuyla ancak haşre iman ile huzurlu bir hayat bulabilir. Herkes çocukluğunu bu zaviyeden tetkik etse ve hayâlen çocukluk anlarına gitse bu hükmü tasdik edecektir.

Evet, çocuk ince bir kalbe sahiptir, aynı zamanda da hâdiselerin terkibini yapıp neticeye gidecek bir zekâya da sahip değildir. Hem o, büyükleri gibi, kendisini eğlenceye verip tenvîm de edemez. Onun içindir ki, ölüm endişesini bir büyükten daha derin hisseder. Her an etrafından kopup gidenler, onun içinden de bir parça koparıp götürürler. Annesi, babası vefat eden bir çocuğun dünyası ise bütün bütün yıkılır. Ruh âlemini aydınlatan bütün yıldızlar söner ve vicdanının seması karanlığa gömülür. Vicdan taşıyan hemen her insan bunları hissedebilir.

Çocukluğumda bir kardeşim ölmüştü. Onun mezarına her uğrayışımda ellerimi açar "Allahım ne olur dirilt de, onun güzel yüzünü bir kere daha göreyim!" der yalvarırdım. Şimdi bu halette olan, ben ve benim gibi binlercenin kalbindeki "Öldükten sonra dirilme inancını silin; gönlünden bu imanı söküp atın; bu yanan kalbe ve figan eden gönüle ne ile derman olacak ve bu yangını nasıl söndüreceksiniz? Hayır hayır, hiçbir şeyle ona derman olmanız ve onun ateşini söndürmeniz mümkün olmayacaktır. Sadece haşir akîdesidir ki, bu buhranlar ve sıkıntılar arasında kıvranan çocuğa soluk aldırır ve rahat ettirir.

Evet, yakınlarının teker teker kopup gidişi karşısında; ancak onların cennete gittiğine imandır ki, bu yavruya teselli verir ve onu bu dayanılmaz dertten kurtarır.

Küçük dahi olsa, alıştığı, ülfet ettiği bir yakını, büyüğü veya onsuz yapamayacağını kabul ettiği bir sevdiğinin göçüp gitmesi onun nazenin kalbinde kapanmayacak bir yara açar. Bu öyle onulmaz bir yaradır ki, ona ancak şu düşünce merhem olabilir:

"Buradan gitti veya alındı; fakat orada Hudâ, ona cennet kapılarını açtı. Şimdi o, cennet bahçelerinde kuşlar gibi kanat çırpıp uçuyor. Eğer ben de ölsem onun gibi uçacağım.

Şayet ölen büyük ise, şöyle düşünecek; o öldü, ama orada da beni kucağına alıp sevecek, başımı okşayıp bağrına basacak. Ve işte bu düşüncelerdir ki, ölümün açtığı firkât ve ayrılık gediğini kapayacak ve onun kanayan yarasına merhem olacaktır.

Huzur mu istiyorsunuz? Onu ne dört bir yanda tütüp duran fabrika bacalarıyla, ne de yıldızlar arası seferler düzenlemekle temin edemezsiniz. Hakikî huzur, işte bu iman ve inanca dayalı olan huzurdur. Evet, bu öldükten sonra dirilme esasları üzerine kurulu huzur, işte gerçek huzur odur.

İhtiyarlar... Adım adım ölüme yaklaşan ihtiyarlar... Ağzını açmış kabir onları beklerken ve onlar da süratle ona doğru koştururlarken ne ile teselli olup, hangi şeyle kendilerini avutabilirler?.. Hergün aynada seyrettikleri ak saçların içlerinde hâsıl ettiği burkuntuyu ne ile bertaraf edebilirler?. Bu halin meydana getirdiği rûhî eksikliği nasıl kapayabilirler?.. O yaşa gelinceye kadar evlattan, torundan, arkadaştan ve yakından öbür âleme gönderdikleri kimselerin onların kalplerinde bıraktıkları izleri ne ile silebilirler?

Gençliğin, sıhhatin, makam ve mansıbın gidişi ve bu gidişlerin onun içinde bıraktığı korkunç izler varken siz onu bu haliyle nasıl teselli edebilirsiniz? Ona takdim ettiğiniz her türlü maddî teselli, ayrılıp gitmesiyle onun içinde yeniden korkunç izler bırakacak ve bu daima böyle devam edip gidecektir. Öyleyse bütün insanlarla beraber ihtiyarların da huzur bulacağı tek çare vardır: Öldükten sonra dirilmeye inanmak!.

Birkaç gün sonra kendini yutmak için bekleyen bir canavar ağzı dehşetini veren kabrin, öbür âleme giden koridorun mütevazı bir kapısı olduğuna inandırmak!. Orayı cennet bahçelerine geçmek için bekleme salonu olarak göstermek!.. Rahmet ve gufrânın mevcelendiği bir yer olarak tarif etmek!. İşte bütün bunlardır ki, ona teselli kaynağı olacaktır.

Kur'ân-ı Kerim Zekeriyâ (a.s)'nın diliyle:

قَالَ رَبِّ اِنِّى وَهَنَ الْعَظْمُ مِنِّى وَاشْتَعَلَ الرَّأْسُ شَيْبًا وَلَمْ اَكُنْ بِدُعَائِكَ رَبِّ شَقِيًّا

"Rabbim, demişti. Bende kemik gevşedi; baş, ihtiyarlık aleviyle tutuştu. Rabbim, Sana duâ ile hiçbir zaman bahtsız olmadım (her duâ ettikçe kabul buyurdun, beni istediğimden mahrum etmedin)" (Meryem, 19/4) derken ve ardından da O'nun hayırlı bir evlat istemesini hikâye ederken dünyadan göçüp gitmeye hazırlanmış bir insanın feryadını en güzel bir şiir ahengi içinde tasvir etmektedir. Ruhta meydana gelen bu feryadı, eşsiz bir şekilde anlatma ve dile getirme yine Kur'ân'ın mûcizevî yönlerinden birisidir. Her şuurlu insan, vicdanını dinlediği zaman kalbinin dudaklarında acı tebessümü gördüğünde ruhunda kopan böyle bir feryadı bütün dehşetiyle hissedecektir. Fakat ona bu halinde teselli olabilecek ve ruhunda kopan bu fırtınayı dindirebilecek tek çare âhirete iman olacaktır. Bu inanç ve iman, onun kulağına hayat verici soluğuyla âdeta şunları fısıldamaktadır: "Hayatını ikmâl ettin. Vazifeni yaptın. Seni bu dünyaya gönderen Rahmeti Sonsuz, daha fazla seni bu çöllerde mahvetmeyecek ve seni huzuruna alarak, senin için

hazırladığı nimetlerini sana bahşedecektir.."

Evet, bu ve bu mânâya gelen müjdelerdir ki, o ihtiyara hakikî huzur ve saâdeti tattıracaktır. Çünkü, o, asıl vatanı olan âhiret âlemine gitmeye hazırlanmaktadır.

İçtimâî hayatın büyük bir kısmını gençler teşkil eder. Mütecaviz ve hayatları hezeyanla dolu olan gençler hayatı cehennemî bir hale çevirirler. Öte yandan sahabe gibi hayatlarından nur fışkıran, yüzleri saâdet gamzeden, bütün davranışlarıyla Allah'ı hatırlatan, bakışlarında cennet parlayan gençler ise hayatı tamamıyla bir cennet haline getirirler. Evet, gençler, haşre inanma ile gerçek benliklerini bulacak fakat haşir akîdesi ve öldükten sonra dirilme duygusu gönül ve kafalarından sökülüp atıldığı zaman beşerin huzursuzluk kaynağı haline geleceklerdir. Bugün insanlık huzursuz ise hayatının her safhası çılgınlık ve hezeyanlarla dolu olan gençlikle huzursuzdur. Pedagoglar ve terbiyeciler, buna çare getirelim derlerken, yaptıkları muâlecelerle yarayı daha da derinleştirmiş ve onulmaz bir hale getirmişlerdir. Halbuki bu yaranın dermanı, öldükten sonra dirilmeye inanmakdır.

Zira gerçek çözüm gençliğin atacağı her adımı Allah'a hesap verme inancı içinde atmasını temin etmek ve bu şuur içinde yetiştirmek ile mümkün olacaktır.

Hz. Ömer (r.a) mescide gidiyordu. Önünde hızla mescide doğru koşan bir çocuk gördü. Adımını hızlandırdı, çocuğa yaklaştı ve sordu:

- Ey yavru! Sana namaz farz değil. Niçin böyle heyecanla ve koşa koşa mescide gidiyorsun?

Çocuk sadece şu cevabı verdi:

- Ey müminlerin emiri! Dün mahallemizde bir çocuk öldü!..

Çünkü, istikâmetin medarı ve nokta-i istinâdı, sadece ve sadece herşeyin görülüp bilindiği; tesbit edildiği ve hesabının hazırlandığı bir güne göre hayatı tanzim etmededir.

Kâinattaki bütün harekât ve hâdisâtın küllî irade ile tanzim edilmesine mukâbil, insan ise hayatını kendi iradesi ile yönlendirme mecburiyetinde ve mükellefiyetindedir. İşte bu irâdenin hakkının edâ edilmesi neticesinde de Allah Rahmâniyet ve Rahîmiyetiyle insana, bütün cismânî arzularına cevap verecek, huri, gılman ve perdedârlarla donatılmış cennetler sunacaktır.

Zira, irâde, Rahmaniyet ve Rahîmiyetin cilvesidir. Cennet de Rahmâniyet ve Rahîmiyetin tezahür etmiş şeklidir. Burada insan, Rahmâniyet ve Rahîmiyetin muktezası olan irâdeyi iyi kullandığı zaman o irâdenin semeresini yine Rahmâniyet ve Rahîmiyetin tezahürü olarak görür.

Evet; hayatın âhirete göre tanzîm edilmesi ve sırların açığa çıkacağı günün unutulmaması sayesinde fert, aile ve cemiyet huzura kavuşacak ve hususiyle gençler istikamet bulacak, nizam ve intizam altında yaşayacak ve başkalarının huzurunu ihlâl etmeyeceklerdir.

Sehl b. Sa'd (r.a) anlatıyor: Allah Rasûlü (s.a.s)'ne gelip, günlerdir evine kapanmış ağlayan bir gencin durumunu haber verdiler. İki Cihan Serveri onun evine kadar gitti. İçeriye girince, genç sevinçle yerinden fırladı ve kendisini Allah Rasûlü (s.a.s)'nün kolları arasına atıverdi. Biraz sonra da ayaklarının dibine yığılıp kaldı. Genç vefat etmişti. Rahmet Nebîsi (s.a.s)'nin gözleri yaşardı ve dudaklarından şu inciler döküldü:

جَهِّزُوا صَاحِبَكُمْ ! فَاِنَّ الْفَرَقَ فَلَذَ كَبِدَهُ . وَالَّذِى نَفْسِى بِيَدِهِ لَقَدْ اَعَاذَهُ اللّٰهُ مِنْهَا

"Arkadaşınızı techiz edin. Cehennem korkusu onun ödünü kopardı. Nefsim elinde olan Allah'a yemin ederim ki, Allah onu cehennemden koruyacaktır."[1]

وَاَمَّا مَنْ خَافَ مَقَامَ رَبِّهِ وَنَهَى النَّفْسَ عَنِ الْهَوٰى . فَاِنَّ الْجَنَّةَ هِىَ الْمَاْوٰى

"Ama kim Rabbinin makamından, (O'nun huzurunda duracağı demden) korkar ve nefsi kötü heveslerden menederse, (onun için) gidilecek yer cennettir."(Naziat, 79/40-41)

Rabbinin huzuruna çıkıp hesap verme endişesini taşıyan ve bu endişeye göre hayatını düzenleyen insan Rabbinin huzurunda emniyet içindedir. Zira Rahmeti Sonsuz kudsî bir hadiste şu müjdeyi vermektedir:

لَا اَجْمَعُ بَيْنَ اَمْنَيْنِ وَلَا اَجْمَعُ بَيْنَ خَوْفَيْنِ

"İki emniyeti ve iki korkuyu bir arada vermem."[2]

Burada korkan orada emniyete ermiştir. Bu düsturdan başka gençliğin çılgınlığının önünü alacak birşey tanıyor musunuz? İnsanı muhafaza edecek bir çember ve bir daire biliyor musunuz? Eğer vereceğiniz cevap menfiyse müsbet mânâda bir hâl safhasına girmiş olacaksınız. Bütün terbiyeci

---

1) Tergib ve Terhib, c. 4, s. 262; Hayatu's-Sahabe, c. 3, s. 253
2) Tergib ve Terhib, c. 4, s. 261

ve pedagoglar bu hakikate kulak kesilmeli ve bu düsturu hayata tatbik etmelidirler.

Gençler herşey demektir. Meseleye, bir haksızlık karşısında kükreyen gence bakarak "gençliği olmayan bir millet mahvdır" diyen Hz. Ömer (r.a)'in ifadeleri içinde bakacak olursak, âlî duygularla mücehhez bir gençliğin cemiyet hayatının hayatı olduğu hükmüne varırız. Böyle bir millet yeni yeni medeniyetler inşâ etme istidadındadır. Bunun aksi ise hükmün de aksidir. Öyleyse bir milletin yücelmesindeki en mühim faktör gençliktir. Ama âhiret inancıyla dopdolu bir gençlik. Hülâsa; inanan insanlar huzurlu bir dünya inşâ edebilecek ve sadece inanan insanlar huzurlu bir hayat yaşama hakkına sahip olacaklardır... Gençlik bir milleti ya yatırır veya kaldırır. Millet gençlikle ya cankeş veya berhayat olur.

Beşerin büyük bir kısmını hastalar, mazlumlar ve musibetzedeler teşkil eder. Haşir akîdesinin bunların ruhunda da büyük tesiri vardır.

Hasta, her an kendisine yaklaşan ölüm ve koşarak gittiği kabir karşısında ümidi sadece o kabri öbür âleme açılan bir hol görmede bulur. Şayet kabri saâdete götüren bir yol ve ebediyete ulaştıran bir vasıta halinde görmüyorsa hasta hiçbir zaman mesud olamayacaktır. O, sancılarına, baş ve bel ağrılarına, kanser ve kangrenine karşı bununla teselli olur ve ara sıra ensesinde hissettiği Hz. Azrâil'in pençesinin ruhunda meydana getirdiği ızdıraba karşı ancak bu inançla karşı koyabilir.

"Evet, ben gidiyorum, beni kimse burada durduramayacaktır... Fakat, asıl sıhhatime, ebedî gençliğime kavuşacağım ve herkesin muhakkak döneceği bir yer olan Allah'ın yurduna gidiyorum" diyerek hastalığını unutup müteselli olacaktır. Onun içindir ki, ehlullâh ruhlarını Allah'a teslim ederken, dudaklarında da Dosta kavuşmanın tebessümü gonca gibi açmış olarak belirmiş ve onlar bu hâliyle ruhlarını teslim etmişlerdir.

Nebiler Nebisi (s.a.s) son anında ellerini Hz. Âişe'nin ellerinden çekiyor ve اَللّٰهُمَّ الرَّفِيقَ الْاَعْلٰى *"Allahım artık öteleri istiyorum"*[3] diyordu.

Bir gün evvel de şöyle buyurmuştu:

اِنَّ عَبْداً خَيَّرَهُ اللّٰهُ بَيْنَ اَنْ يُؤْتِيَهُ مِنْ زَهْرَةِ الدُّنْيَا مَا شَاءَ وَبَيْنَ مَا عِنْدَهُ فَاخْتَارَ مَا عِنْدَهُ

"Allah bir kulunu dilediği kadar dünya nimetleri ile kendi yanında olanlar arasında muhayyer bıraktı. Kul, Allah'ın yanında olanı seçti."[4]

Dünya ile ukbâ arasında muhayyer bırakılan o kul kendisiydi. Meseleyi anlayan sahâbî gözyaşlarını tutamamıştı. O elini Hazret-i Âişe'nin elinden çekiyor ve Refik-i A'lâyı istiyordu.

Aynı şekilde Hz. Ömer gibi bir kâmet-i bâlâ da harabede başını yere koyuyor "Allahım bu mükellefiyeti benim omuzlarımdan al, artık götüremeyeceğim" diyerek ötelere olan iştiyâkını dile getiriyordu.

Bir âhiret inancı, binlerce güzelliğin tecelli edeceği âhiret yurdu ve bunların verâsında da Cemâl-i Bâki'yi görme iştiyak ve arzusuydu ki, onlara bu sözleri söyletiyor ve içle-

---

3) Buharî, Marzâ, 19; Fedâilu's-Sahabe, 5; Megazi, 83-84; Müslim, Selam, 46; Tirmizî, Daavât, 76
4) Buharî, Menâkibu'l-Ensâr, 45; Ahmed bin Hanbel 3/18

rinde bu arzuyu uyandırıyordu.

Irzını, namusunu gaddar zâlimin elinden kurtaramamış, intikam hırsıyla yanan, kavrulan mazluma gelince... O, ancak, zâlimin yakasını Allah'ın eline vereceği günü ve burada çektiklerine mukabil âhiret yurdunda kendisine bahşedilecek mükâfatları düşünmekle müteselli olur.

Zira mazlum kat'iyen bilir ki, burada yapılan zulümler zâlimin yanında kalmayacaktır... Bir mahkeme-i kübrâ açılarak inceden inceye herşey hesaba çekilecek; zâlim cezasını, mazlum ise mükâfatını görecektir.

وَكَذَلِكَ اَخْذُ رَبِّكَ اِذَا اَخَذَ الْقُرَى وَهِىَ ظَالِمَةٌ اِنَّ اَخْذَهُ اَلِيمٌ شَدِيدٌ

"İşte Rabbin, zulmeden şehirleri yakaladığı zaman böyle yakalar. Çünkü O'nun yakalaması, çok acı ve çok çetindir." (Hûd, 11/102)

Yani Allah, zâlim bir kasabayı bir kere yakaladı mı, yaman ve yavuz yakalar. Artık onu iflah etmez. Evet, mazlum kendini elinden kurtaramadığı zâlim ve mütegallibten intikamını ancak bu şekilde alır ve müteselli olur.

Musibetzede... Semavî veya arzî musibetlere maruz kalmış, bağını bahçesini dolu vurmuş, sel götürmüş, binası zelzelede başına yıkılmış, kurduğu ümrân harâb olmuş, aile ve yuvası ile derbeder olmuş ve bunlara benzer bütün musibetzedeler de ancak öldükten sonra dirilmeyi düşünmekle teselli bulurlar.

Zira bu inanca göre musibetlerde giden mal sadaka olur, can ise onu şehidlik mertebesine erdirir. İşte bu düşünce ile orada rahat ve huzura kavuşur.

Diğer taraftan aile yuvası, âhirete iman ile cennet köşelerinden bir köşe haline gelirken, bu iman sökülüp atıldığında cehennem çukurlarından bir çukur oluverir. Çocuk dînî duygu ve yaşayıştan uzak, genç arzu ve hevesleri peşinde, ölümü beklenen hasta ise kendi ızdırapları içinde kıvranır bir vaziyette olan bu hane, daha insanlar içindeyken baykuşların ötmeye başladığı bir harabeden farksızdır. Çehreler abûs, suratlar mahkeme duvarı gibi ve işin daha kötüsü, bunlardan kaçarken kendinden uzaklaşış ve eğlencelerle kendini uyutma zavallılığı... İşte böyle bir haneye saâdetin girmesi ancak haşre ve öldükten sonra dirilmeye imanla mümkündür.

Eğer yediden yetmişe herkesi huzurlu etmeyi düşünüyorsanız bütün gönüllere haşir akîdesini yerleştirmeye çalışın... Zira o zaman gençler, nizam ve intizam içine girecek, çocuklar haylazlığı bırakacak, yaşlılar cennet yolcuları olarak saâdet içinde yaşayacak ve o hanenin içinde saâdet şimşekleri çakmaya başlayacak ve daha âhirete gitmeden âhirete ait mânâlar o hanede terennüm edilecek ve bunların neticesinde de daha dünyada iken cennet hayatı yaşanır hale gelecektir.

Şehir ve memleket de insanın büyük bir hanesidir. İçindeki gençleri nefislerine tâbi birer köle, ihtiyarları bedbîn ve karamsar, ve zâlimler de mazlumun iniltisini ney gibi dinlediği bir dünyada huzur olamaz. Böyle bir dünyada şehirler, memleketler, milletler huzursuzdur. Çünkü huzuru getirecek rükünler yerine getirilmemiştir.

Nasıl ki, bir namazın namaz olabilmesi için belli rükünler vardır ve bu rükünlerin huşû içerisinde yerine getirilmesiyle namaz kemâlini bulur ve insan namazıyla mi'racın tatlı tebessümünü dudağında hisseder. Bazen öyle bir an yaşar ki binler sene yaşamağa bedeldir. Aynen bunun gibi memleket ve milletlerin bütünüyle huzurlu olabilmesi için onu meydana getiren cüzlerin, huzurun rükünlerine tam mânâsı ile uygun olması gerekmektedir. İdeal bir şehir ve site, ancak ideal bir sistem ile kurulabilir. Varsın Eflatun "Cumhuriyet"inde bunun hülyasını yaşasın!.. Hayalperest Farabî "el-Medinetü'l-Fâzıla"sında bunu çerçevelemeye çalışsın. Bunlar hiçbir zaman bu ideal siteyi tahakkuk ettiremeyeceklerdir. Çünkü onu meydana getiren rükünlerden mahrumdurlar. Evet, hayatta bu huzuru temin edecek en büyük rükün, haşir akîdesine inanmak, dünyayı istihkâr edip âhireti intizar edecek şuur ve iz'ânı verebilmektir.

Muvâzene insanı Efendimiz (s.a.s)'in en mühim icraatından biri de kurduğu dünya nizamını "âhirette hesap verme" akîdesine dayandırarak kurmasıdır. Bu hayat bir bakıma âhiretin mukaddimesi, âhirete hazırlayıcı bir tarla ve insan gönlünde âhiret şule ve şem'asının yakılması için verilmiş bir fırsattır. Onun içindir ki, buraya "yevmüddünya", öbür tarafa da "yevmülâhir" denilmiştir. Bu dünyada yapılanlar, doğacak öbür dünya için yapılmış olacaktır.

İşte Allah Rasûlü (s.a.s) bütün gönülleri tatmin edecek ve iz'an şulesini yakacak şekilde herkese bu dersi vermiştir.

Gönüller âhiret inancıyla öyle dolmuştur ki sahâbe dünyayı istihkâr edip âdeta gözleri dünya namına hiçbirşeyi görmez hale gelmişti. İşte bir misâl: Meâlen takdim ediyorum.

"Allah Rasûlü (s.a.s)'nün huzuruna aralarında taksimi gereken bir maldan dolayı mürafaa olmak için iki sahâbî geldi. Her ikisi de kendisine daha fazla hak iddia ediyordu. İki Cihan Serveri bunları dinledikten sonra:

-"Şimdi sizden biriniz, derdini daha güzel anlatarak beni ikna edip hükmü lehine verdirebilir. Ben de sizin gibi bir beşerim; kimin delili daha muknî olursa ona göre hüküm veririm. Fakat âhirette işin hakikatine göre hüküm verilecektir. Zâlim cezasını, mazlûm da mükâfatını bütünüyle orada görecektir" deyince her ikisi birden:

"Ya Rasûlallah! Benim hakkım da onun olsun, ben vazgeçtim" diyorlardı.

Daha sonra da Allah Rasûlü (s.a.s) onlara şu hususu tavsiye buyurdu:

- *Gidip malınızı âdil şekilde taksim edin, sonra da kur'a çekin. Kimin hissesine neresi düşerse payına razı olsun. Karşılıklı olarak birbirinize de hakkınızı helâl edin."*[5]

Görüldüğü gibi âhirete iman sayesinde hayat bu şekilde tanzim edilmiş oluyordu. Öyle bir tanzim ki, ferd, bir günah işlediğinde kendisini bir direğe bağlıyor, affına ferman gelinceye kadar kendisini bu şekilde cezalandırmış oluyordu. Mesele o kadar ciddi ele alınıyordu ki, işlenen günahın ancak şehadet kanıyla temizleneceğine inanan sahâbî tereddütsüz canını Allah yolunda feda ediyor ve şehadet şerbetini içmek için akıttığı kanıyla ötelere tertemiz olarak gitmeye çalışıyordu.

5) Buharî, Şehâdât, 27; Müslim, Akdiye, 4; Ebu Davud, Edeb, 87; Tirmizî, Ahkam, 11, 18; Nesaî, Kaza, 13-33; İbn-i Mace, Ahkam, 5.

Sa'd b. Rebi' (r.a) Uhud'un eteğinde ruhunu Allah'a teslim edeceği sırada Allah Râsulü'nden selâm getirdiğini söyleyen Muhammed b. Mesleme'nin fısıltılarını duyuyordu. Buna karşılık Sa'd b. Rebi'de:

"Allah Rasûlü'ne benden selam söyle. Vallahi Uhud'un arkasında cennetin kokusunu duyuyorum!.." diyordu.

Evet; insana ölüm anında dahi bu saâdeti tattırabilecek olan âhirete imandan başka ne olabilir? Beşerî hangi imkân, ferde, aileye ve cemiyete bu saâdeti takdim edebilir?

Şimdi, kâinatın medâr-ı iftihârı yüce Nebi (s.a.s)'nin ümmetini haşir inancı noktasında nasıl eğittiğini bir parça anlayabilmek için onun fem-i mübarekinden çıkan inci mercanlardan birkaç numune verelim.

Allah Rasûlü (s.a.s) buyuruyor:

يَا اَيُّهَا النَّاسُ ! اِنَّكُمْ تُحْشَرُونَ حُفَاةً عُرَاةً غُرْلاً . اَلا وَاِنَّ اَوَّلَ مَنْ يُكْسىٰ اِبْرَاهِيمُ عَلَيْهِ السَّلاَمُ. اَلاَ وَاِنَّهُ يُجَاءُ بِرِجَالٍ مِنْ اُمَّتِى فَيُؤْخَذُ بِهِمْ ذَاتَ الشِّمَالِ، فَاَقُولُ يَا رَبِّ اَصْحَابِى اَصْحَابِى!.. فَيُقَالُ اِنَّكَ لاَ تَدْرِى مَا اَحْدَثُوا بَعْدَكَ. فَاَقُولُ كَمَا قَالَ الْعَبْدُ الصَّالِحُ «وَكُنْتُ عَلَيْهِمْ شَهِيدًا مَا دُمْتُ فِيهِمْ فَلَمَّا تَوَفَّيْتَنِى كُنْتَ اَنْتَ الرَّقِيبَ عَلَيْهِمْ وَاَنْتَ عَلَى كُلِّ شَيْءٍ شَهِيدٌ * اِنْ تُعَذِّبْهُمْ فَاِنَّهُمْ عِبَادُكَ وَاِنْ تَغْفِرْ لَهُمْ فَاِنَّكَ اَنْتَ الْعَزِيزُ الْحَكِيمُ»

"Ey insanlar! Sizler yalın ayak, çıplak ve sünnetsiz olarak haşrolacaksınız." Zerrat-ı asliyeniz, ervah ve eşbahınızla yeniden dirileceksiniz. Hem cismânî hem rûhânî bir haşre mazhar olacaksınız. Vicdanınızda duyup kendisini göremediğiniz cenneti; bunun da ötesinde cilvelerini müşahe-

de edip hakikatine eremediğiniz Mevlâ'yı görmek için haşrolacaksınız. Allah Rasûlü (s.a.s) devamla: *"Dikkat edin! Âhirette ilk defa elbise giydirilecek Hz. İbrahim'dir. Dikkat edin! O gün ümmetimden birtakım insanlar sol taraflarından yakalanmış olarak getirilir. Ben: 'Ya Rabbi! Bunlar benim ashabım!..' derim. Cenâb-ı Hakk bana hitaben: 'Ya Muhammed! Bilmiyorsun onlar senden sonra neler işlediler' der. Ben de artık salih kul Hz. İsa gibi derim: "Aralarında bulunduğum müddetçe onlar hakkında şahittim, beni aralarından aldığında onları Sen gözlüyordun. Sen her şeye şahitsin. Onlara azab edersen doğrusu onlar Senin kulların, onları bağışlarsan güçlü olan, Hakîm olan şüphesiz ancak Sensin!."*[6]

Ahmet b. Hanbel'in Hz. Enes'ten (r.a) rivayet ettiği bir hadis-i şerifte de Allah Rasûlü (s.a.s) şöyle buyuruyor:

لَمْ يَلْقَ ابْنُ آدَمَ شَيْئاً مُنْذُ خَلَقَهُ اللّٰهُ عَزَّ وَجَلَّ اَشَدَّ عَلَيْهِ مِنَ الْمَوْتِ، ثُمَّ اِنَّ الْمَوْتَ اَهْوَنُ مِمَّا بَعْدَهُ، وَاِنَّهُمْ لَيَلْقَوْنَ مِنْ هَوْلِ ذَلِكَ الْيَوْمِ شِدَّةً حَتَّى يُلْجِمَهُمُ الْعَرَقُ، حَتَّى اِنَّ السُّفُنَ لَوْ اُجْرِيَتْ فِيهِ لَجَرَتْ.

"Ademoğlu Allah onu yarattığından bu yana ölümden daha şiddetli bir hadiseyle karşılaşmamıştır. Sonra ölüm, ölümden sonrakilere nazaran daha hafif gelir. O gün öyle bir şiddetle karşılaşırlar ki, çenelerine kadar terlerler. Âdeta ter, onların çenelerine gem gibi olur. Öyle ki o ter denizinde istense gemiler bile yüzdürülebilir."[7]

---

6) Buharî, Enbiya, 8-48; Müslim, Cennet, 56; Tirmizî, Kıyame 3; Nesaî, Cenaiz, 118-119; Ahmed bin Hanbel, 1/223, 229, 235, 253; 3/495

7) Ahmet bin Hanbel, 3/154.

Buharî ve Müslim'in Ebû Hureyre'den (r.a) rivayet ettikleri şu hadis yukarıdaki hadisi biraz daha tafsil eder mahiyettedir. Allah Rasûlü (s.a.s) şöyle ferman ediyor:

يُحْشَرُ النَّاسُ عَلَىٰ ثَلاثِ طَرَائِقَ رَاغِبِينَ رَاهِبِينَ، وَاثْنَانِ عَلَىٰ بَعِيرٍ، وَثَلاثَةٌ عَلَىٰ بَعِيرٍ، وَارْبَعَةٌ عَلَىٰ بَعِيرٍ، وَعَشَرَةٌ عَلَىٰ بَعِيرٍ، وَيَحْشُرُ بَقِيَّتَهُمُ النَّارُ، تَقِيلُ مَعَهُمْ حَيْثُ قَالُوا، وَتَبِيتُ مَعَهُمْ حَيْثُ بَاتُوا، وَتُصْبِحُ مَعَهُمْ حَيْثُ اصْبَحُوا، وَتُمْسِي مَعَهُمْ حَيْثُ امْسَوْا.

"İnsanlar (kıyamet gününde) üç hâl üzere haşrolurlar. Bunlardan birinci sınıf; dünyada havf ve reca muvazenesini kurmuş insanlardır." İçleri her an Allah ile dolup taşan ve işlerini âhirette hesap verme şuur ve idrâkine göre ayarlayanlardır. En ümitsiz hadiseler karşısında dahi Cenâb-ı Hakk'ın rahmetinden ümitvar olanlardır. Alabildiğine Allah'tan korkmalarına rağmen küfrün bir şiârı olan ye'se ve ümitsizliğe düşmeyenlerdir. Ve böylece rağbet ve rehbet içinde hayatlarını geçirenlerdir.

"Diğer ikinci sınıf; cennete girebilmek için iki, üç, dört... ve on kişi bir bineğe binmiş olanlardır." Bir hayvanın üzerine bu kadar kişi binerek düşe kalka Cenâb-ı Hakk'ın huzuruna gitmeye çalışmaktadırlar. Burada düşe kalka gittikleri, masiyet ve günahlarla yüzüstü düştükleri gibi orada da düşe kalka gideceklerdir.

"Üçüncü sınıfa gelince onları cehennem sevkedecektir (Cehennemin içinden gelen kıvılcımlara göre mecburi istikamet takip edecekler). Onlar kuşluk uykusuna yatmak isteseler cehennem onlarla kaylûle yapar; ne zaman

geceleseler cehennem onlarla beraber geceler; ne zaman sabahlasalar cehennem onlarla beraber sabahlar. Ve yine ne zaman akşamı idrâk etseler cehennem de onlarla beraber akşama girer..."[8]

Çünkü onlar ruh ve vicdanlarında cehennemin çekirdeğini böyle taşıdılar. Cehennemin çekirdeğiyle geceleyip onunla sabahladılar. Binaenaleyh nasıl yaşadılarsa öyle muamele görecekler. O çekirdek bir ağaç halinde neşv ü nema bulacak ve yakalarını bırakmayacak.

İşte bunlar ve bunlara benzer dersler ile Allah Rasûlü ümmetini ciddi bir âhiret şuuru içinde yetiştiriyor ve bilhassa kendi devrinde sahâbî, perdenin verasında bütün dehşetiyle cehennemi ve bütün debdebesiyle cenneti müşahede eder bir hava içinde hareket ediyordu.

Evet, hayatı istikâmet ve faziletlerle geçirmenin tek çaresi bu edeb ile edeblenmek ve âhiret hayatını dünyada ahlâk haline getirmektir. Yoksa âhirete imanı olmayan fertlerde ve bu fertlerin meydana getirdiği cemiyetlerde fazilet ve istikâmet düşünülemez. Eğer onlarda da faziletten bir iz görülüyorsa, bu sadece insanlık fıtratının cevherine ve çekirdeğine Cenâb-ı Hakk tarafından yerleştirilmiş olan fazilettir. Fıtrata yerleştirilmiş olduğundan dolayı da aksini yapmaları mümkün değildir. Bu imkânsızlıktır ki, onları böyle faziletli işler yapmaya zorlamıştır. Bu ise hiçbir zaman çalışmak ve kazanmakla elde edilen fazilet seviyesinde değildir.

8) Buharî, Rikak, 45; Müslim, Cennet 59; Nesaî, Cenaiz, 118

KUR'ÂN-I KERİM'İN HAŞRİ İSBAT METODU

Kıyametin vukû bulacağı hususunda hiç kimsenin tereddüdü yoktur. Hattâ günümüzün müsbet ilmi ve ilim adamları da bu mevzuda ittifak halindedirler. Ancak onlar bu gerçeği çok uzun bir zaman sonra beklemektedirler. Halbuki fevkalâde hâdiseler o kadar çoktur ki, bunlardan birisiyle kıyamet kopabilir.

Meselâ bidayette dünyadan koptuğu kabul edilen "ay" neticede anasının sinesine dönmek istese işte dünya, atomik kanunlar içinde müthiş bir infilaka maruz kalır... Ve kıyamet kopuverir.

Bir hadis-i şerifte " وَمِنْ شَرِّ غَاسِقٍ اِذَا وَقَبَ " âyetinin tefsiri münasebetiyle " غَاسِقٍ "i "ay" ile anlatan Allah Rasûlü (s.a.s) Hz. Âişe (r.a)'ye "ay"ı göstermiş ve:

فَاِنَّ هَذَا هُوَ الْغَاسِقُ يَا عَائِشَةُ اسْتَعِيذِى بِاللّٰهِ مِنْ شَرِّ هَذَا .

"Ya Âişe! Şu zulmetle bürüyen ayın şerrinden Allah'a sığın!" buyurmuştur.[9]

Ondandır ki, ehlullah rüyada ay görmeyi şerre; güneş görmeyi ise hayra alâmet sayar ve öyle tâbir ederler.

---

9) Tirmizî, Tefsir, Sure: 113-114, 1; Ahmed b. Hanbel, 6/61, 206, 215, 237, 252

Bir kuyruklu yıldız gelip küre-i arza çarpıp kıyameti koparabilir. Veya yanlış bir atom denemesi bu kıyametin kopmasına sebep olabilir. Zahirî sebep ne olursa olsun bütün bunların ardında sebepleri elinde tutan Zât, sûra üfleme emrini verecek ve kıyameti koparacaktır.

Kur'ân-ı Kerim, bizim tesbit edebildiğimize göre, öldükten sonra dirilme hakikatini iki grupta toplamıştır.

Birincisi: Kıyâs-ı temsilî,

İkincisi: Nazîrini gösterme metodu.

Kur'ân bu iki şıkkı ele alırken bir makro âlemden, âfâkî delillerle haşrin meydana geleceğini, bir de normo (enfüsî) dediğimiz âlemden bunu anlatırken mikro âleme de inerek haşri isbat ediyor. Ayrıca Kur'ân-ı Kerim makro ve mikro âlemi birden ele alarak meseleyi anlatır ki, biz buna "âlemşümul delil" de diyebiliriz. Bu son kısımda ise mutlak yaratılış nazara verilir.

Şimdi bütün bu kısımları sırasıyla arzetmeye çalışalım:

Kur'ân-ı Kerim, kıyâs-ı temsilî usulüyle makro âlemden misaller vermek suretiyle haşri isbat ediyor:

اللّٰهُ الَّذ۪ى رَفَعَ السَّمٰوَاتِ بِغَيْرِ عَمَدٍ تَرَوْنَهَا ثُمَّ اسْتَوٰى عَلَى الْعَرْشِ وَسَخَّرَ
الشَّمْسَ وَالْقَمَرَ كُلٌّ يَجْر۪ى لِاَجَلٍ مُسَمًّى يُدَبِّرُ الْاَمْرَ يُفَصِّلُ الْاٰيَاتِ لَعَلَّكُمْ
بِلِقَاءِ رَبِّكُمْ تُوقِنُونَ

"Allah odur ki gökleri, görebileceğiniz bir direk olmadan yükseltti, sonra Arş üzerine istivâ etti (bütün mülkünün, bütün yaratıklarının yâni tahtına, yönetimine hâkim oldu, herşeyi düzenleyip yönetti), güneşi ve ayı irâdesine boyun eğdirdi. Hepsi belli bir süre için akıp git-

mektedir. (Yaratma) iş(ini) düzenler, âyetleri açıklar ki, Rabb'inizle karşılaşacağınıza kesin olarak inanasınız." (Ra'd, 13/2)

Haşirle insanları yeniden diriltecek olan Cenâb-ı Hakk semayı direksiz olarak tutmakta, koyduğu nizam ve intizam sayesinde de yıldızlar seyr ve seyahatlerine devam edebilmektedir. Siz bu muhteşem semânın direksiz bir şekilde hareket halinde olduğunu ve kendisinde hiçbir fütûrun müşâhede edilmediğini görüyorsunuz. Semayı böyle direksiz yükselttikten sonra Allah, Arşa istiva buyuruyor ve hükmünü oradan infâz ediyor. Sonra da güneş ve ayı teshir edip âdeta istifade etme, faydalanma zimamlarını sizin elinize veriyor. Herşeyi bir hesapla yapıyor ve böylece size sonsuz ilminden hikmet pırıltıları gösteriyor.

Evet, gökte ve yerde olan bütün işleri düzenleyen, herşeyin alnında kudret mührünü gösteren Allah size haşri vaad ediyor; tafsil ettiği ayetleriyle size güç ve kuvvetini gösteriyor. Belki bütün bunları düşünür, tedebbür eder ve bir gün O'na kavuşacağınıza hakkalyakîn inanırsınız.

Gerçekte, biz âhirete inanırken, bütün rubûbiyet ve şuûnatıyla kendisini gösteren ve hissettiren bir Allah'ın haşri dilediği şekilde var edeceğine inanıyoruz:

يَوْمَ نَطْوِى السَّمَاءَ كَطَىِّ السِّجِلِّ لِلْكُتُبِ كَمَا بَدَأْنَا اَوَّلَ خَلْقٍ نُعِيدُهُ وَعْدًا عَلَيْنَا
اِنَّا كُنَّا فَاعِلِينَ

"O gün göğü, kitapları dürer gibi (toplarız). İlk yaratmaya nasıl başladıksa onu, yine öyle çevirir (yok eder)iz. Üzerimize söz; biz bunu mutlaka yapacağız."(Enbiyâ, 21/104)

Semâyı bir kitap gibi dürer ve bugünkü mahiyetinden uzaklaştırırız. Hareket ve hararet kalmaz, bir duraklama ve bir donma başgösterir. Mahfazasından çıkarıp enzârınıza arzettiğimiz kâinat kitabını kapatıp, evvelce olduğu gibi yine mahfazasına koyarız. Bütün mükevvenat bidâyette nasılsa o hale döner. İlkinde sebeplerin sukut etmesi gibi bu ikinci yaratılışta da sebepler sukut edecek ve kitabı dürdüğümüz gibi tekrar açacak ve zerratı yeniden yaratacağız.

اَوَلَمْ يَرَوْا اَنَّ اللّٰهَ الَّذ۪ى خَلَقَ السَّمٰوَاتِ وَالْاَرْضَ وَلَمْ يَعْىَ بِخَلْقِهِنَّ بِقَادِرٍ عَلٰٓى
اَنْ يُحْيِىَ الْمَوْتٰى بَلٰٓى اِنَّهُ عَلٰى كُلِّ شَىْءٍ قَد۪يرٌ

"Gökleri ve yeri yaratan, bunları yaratmakla yorulmayan Allah'ın, ölüleri diriltmeğe de kâdir olduğunu görmüyorlar mı? Evet O, her şeye kâdirdir." (Ahkâf, 46/33)

Gökleri ve yeri yaratıp bir sistem içinde vaz' eden ve bundan asla yorulup usanmayan bir Allah, ölüleri tekrar diriltmeye kâdir değil mi? Nazar-ı ibretle baksanız, her hâdisenin verâsında "Allah!" diyeceksiniz. O Allah ki asla yorulmaz ve dinlenme ihtiyacı duymaz. Başka bir ayette bu husus:

وَلَقَدْ خَلَقْنَا السَّمٰوَاتِ وَالْاَرْضَ وَمَا بَيْنَهُمَا ف۪ى سِتَّةِ اَيَّامٍ وَمَا مَسَّنَا مِنْ لُغُوبٍ

"Andolsun, biz gökleri, yeri ve ikisi arasında bulunanları altı günde yarattık, bize hiçbir yorgunluk dokunmadı" (Kâf, 50/38) şeklinde anlatılır.

İşte böyle bir Allah ölüleri yeniden diriltmeye muktedir değil midir?

Kıyas-ı temsilî Kur'ân'ın bir istidlâl metodudur. Bu içinde yaşadığımız âlemi nazara vererek, Allah'ın hallakiyetini göstermek suretiyle, yeniden böyle bir âlemi yaratacağına zihinleri kabule hazırlamaktır. Bu metod sayesinde insanın haşre olan inancı kat kat pekişir.

اَوَ لَيْسَ الَّذٖى خَلَقَ السَّمٰوَاتِ وَالْاَرْضَ بِقَادِرٍ عَلٰٓى اَنْ يَخْلُقَ مِثْلَهُمْ بَلٰى
وَهُوَ الْخَلَّاقُ الْعَلٖيمُ

"Gökleri ve yeri yaratan, onların benzerlerini yaratmağa kâdir değil midir? Elbette kâdirdir! O, çok bilen yaratıcıdır." (Yâsin, 36/81)

ءَاَنْتُمْ اَشَدُّ خَلْقًا اَمِ السَّمَٓاءُ بَنٰيهَا

"Sizi yaratmak mı zor, göğü yaratmak mı? Ki onu Allah, bina edip yükseltmiştir." (Nâizat, 79/27)

Sizin yaratılmanız mı, yoksa cin ve insi hâvi bütün sistemlerin yaratılması mı zor? Kâinat sarayını kuran Allah, cennette sizin için daha küçük saraylar inşâ ve icâd edemez mi?

وَمِنْ اٰيَاتِهٖٓ اَنَّكَ تَرَى الْاَرْضَ خَاشِعَةً فَاِذَٓا اَنْزَلْنَا عَلَيْهَا الْمَٓاءَ اهْتَزَّتْ وَرَبَتْ
اِنَّ الَّذٖٓى اَحْيَاهَا لَمُحْيِ الْمَوْتٰى اِنَّهُ عَلٰى كُلِّ شَىْءٍ قَدٖيرٌ

"Onun âyetlerinden biri de (şudur): Sen, toprağı, boynu bükük (kupkuru) görürsün. Onun üzerine suyu döktüğümüz zaman titreşir ve kabarır. Onu dirilten (Allah), elbette ölüleri de diriltir. O, her şeye kâdirdir." (Fussilet, 41/39)

Siz yeri; haşyet içinde, bitmiş tükenmiş; saygıyla Allah'a boyun bükmüş bir insan gibi, O'ndan meded ister gördüğünüz bir anda, semâdan yağmur indirdik. Sonra bir ihtizaz ve hareket başladı. Yerin altındaki tohumcuklar, rüşeymler başlarını çıkardı. Yeryüzü bir yeşillik ve çemen-zâr haline geldi. İşte her baharda yeri böyle dirilten Allah, ölüleri de aynı şekilde diriltecektir. Şu kadar nebatâtın haşrini her baharda size gösteren Allah ölüleri ihyâ edip diriltecektir.

Evet, Allah ölüm uykusuna yatan bir sürü havâmm ve haşarâtı, ölmüş kupkuru ağaçları bahar mevsiminde yeniden dirilttiği gibi sizi de, hazan mevsiminiz olan ölümle toprağa düştükten sonra bir gün gelecek tekrar diriltecektir.

يٰٓا اَيُّهَا النَّاسُ اِنْ كُنْتُمْ فِى رَيْبٍ مِنَ الْبَعْثِ فَاِنَّا خَلَقْنَاكُمْ مِنْ تُرَابٍ ثُمَّ مِنْ نُطْفَةٍ
ثُمَّ مِنْ عَلَقَةٍ ثُمَّ مِنْ مُضْغَةٍ مُخَلَّقَةٍ وَغَيْرِ مُخَلَّقَةٍ لِنُبَيِّنَ لَكُمْ وَنُقِرُّ فِى الْاَرْحَامِ مَا
نَشَاءُ اِلٰى اَجَلٍ مُسَمًّى ثُمَّ نُخْرِجُكُمْ طِفْلًا ثُمَّ لِتَبْلُغُوا اَشُدَّكُمْ وَمِنْكُمْ مَنْ يُتَوَفّٰى
وَمِنْكُمْ مَنْ يُرَدُّ اِلٰى اَرْذَلِ الْعُمُرِ لِكَيْلَا يَعْلَمَ مِنْ بَعْدِ عِلْمٍ شَيْئًا وَتَرَى الْاَرْضَ
هَامِدَةً فَاِذَا اَنْزَلْنَا عَلَيْهَا الْمَاءَ اهْتَزَّتْ وَرَبَتْ وَاَنْبَتَتْ مِنْ كُلِّ زَوْجٍ بَهِيجٍ

"Ey insanlar eğer öldükten sonra dirilmekten kuşkuda iseniz (bilin ki) biz sizi (önce) topraktan, sonra nutfe (sperma)dan, sonra alaka (embriyo)dan, sonra yaratılışı belli belirsiz bir çiğnem et parçasından yarattık ki, size (kudretimizi) açıkça gösterelim. Dilediğimizi belirtilmiş bir süreye kadar rahimlerde tutuyoruz, sonra sizi bir bebek olarak çıkarıyoruz. Sonra güç (ve kabiliyet)inize ermeniz için (sizi büyütüyoruz). İçinizden kimi (henüz çocukken) öldürülüyor, kimi de ömrün en kötü çağına (ihtiyarlığa) itiliyor ki, bilirken bir şey bilmez hâle gelsin (çocukluğundaki gibi vücutça ve akılca güçsüz bir duru-

ma düşsün). Yeri de kurumuş ölmüş görürsün. Fakat Biz onun üzerine suyu indirdiğimiz zaman titreşir, kabarır ve her güzel çiftten bitirir." (Hac, 22/5)

Ayetin son kısmında da belirtildiği üzere siz yeryüzünü hiçbir şey bitirmesi mümkün olmayan, yanmış kül gibi görürsünüz. Semâdan yağmuru sağnak sağnak indirdiğimizde bir ihtizaz, bir hareket başlar. Ve derken bitkiler boy atar. Allah, içinizi açacak manzaraları, herşeyden çift çift yaratmak suretiyle nazarınıza takdim buyurur.

ذَلِكَ بِأَنَّ اللّٰهَ هُوَ الْحَقُّ وَأَنَّهُ يُحْيِي الْمَوْتَى وَأَنَّهُ عَلَى كُلِّ شَيْءٍ قَدِيرٌ

"Bu böyledir. Çünkü Allah, tek gerçektir. (Herşey O'nunla varlık kazanır) ve O, ölüleri diriltir ve O, herşeyi yapabilir." (Hac, 22/6)

Bütün bu gördüğünüz şeyler doğrudur. Çünki Allah'tandır. İşte ölüleri diriltecek olan da O'dur. Ve O, herşeye kâdirdir. Başınızın üzerinde dönüp duran binlerce hâdiseyi tedbir ve idare eden Allah (c.c) tecellileriyle size, herşeye kâdir olduğunu göstermiş oluyor.

وَأَنَّ السَّاعَةَ آتِيَةٌ لَا رَيْبَ فِيهَا وَأَنَّ اللّٰهَ يَبْعَثُ مَنْ فِي الْقُبُورِ

"Ve (çünkü) o (kıyamet) saat(i) mutlaka gelecektir, onda şüphe yoktur. Ve Allah, kabirlerde olanları diriltecektir." (Hac, 22/7)

Görüldüğü gibi kıyamet mutlaka gelecek, bunda şüphe yoktur. Ve Allah, bütün ölüleri diriltecektir.

Yukarıda da belirttiğimiz gibi Cenâb-ı Hakk bütün bu âyetlerde haşrin nazîrini evvela yeryüzünde gösterdi. Bütün bu bahar hâk ile yeksân olduktan ve toprağa gömülen tohumlar çürüdükten sonra, Cenâb-ı Hakk onları ikinci bir baharda yeniden nasıl diriltiyor; aynen öyle de kabirlerde çürüyen insanı da ikinci bir bahar olan haşir günü tekrar dirilteceklir.

Bu açıdan mesele ister bir filozof isterse bir çoban zaviyesinden ele alınsın; Kur'ân'ın bu ikna metodundan daha üstünü gösterilemez. Efendimiz (s.a.s)'in mevzu ile alâkalı hadisleri de dahil, bütün söylenenler sadece Kur'ân-ı Kerim'in anlattıklarının tafsil ve tefsirinden ibarettir.

Kur'ân-ı Kerim haşr-i âzamı enfüsî delillerle isbat ederken nazarlarımızı normo âleme çevirerek meseleye şu misallerle açıklık kazandırmaktadır:

كَمَا بَدَأَكُمْ تَعُودُونَ *"İlkin sizi yarattığı gibi yine O'na döneceksiniz."* (A'râf, 7/29)

Başta sizi topraktan, nutfeden, kan pıhtısından ve bir çiğnem etten yarattığı gibi, tekrar sizin aslî atomlarınızı bir araya getirip terkip yapacak ve sizi yeniden yaratacaktır.

اَوَلَمْ يَرَ الْاِنْسَانُ اَنَّا خَلَقْنَاهُ مِنْ نُطْفَةٍ فَاِذَا هُوَ خَصِيمٌ مُبِينٌ. وَضَرَبَ لَنَا مَثَلًا وَنَسِيَ خَلْقَهُ قَالَ مَنْ يُحْيِي الْعِظَامَ وَهِيَ رَمِيمٌ قُلْ يُحْيِيهَا الَّذِى اَنْشَاَهَا اَوَّلَ مَرَّةٍ وَهُوَ بِكُلِّ خَلْقٍ عَلِيمٌ

"İnsan, Bizim kendisini bir nutfe (sperma)'dan yarattığımızı görmedi mi ki, şimdi apaçık bir hasım kesildi?

Kendi yaratılışını unutarak Bize bir mesel verdi: "Şu çürümüş kemikleri kim diriltecek?" dedi.

De ki: "Onları ilk defa yaratan diriltecek. O, her yaratmayı bilir." (Yâsin, 36/77-79)

İlk devrin kâfiri de yirminci asrın müntehi kâfiri de aynı şeyi söylüyor: Kül haline gelmiş bu kemikleri kim diriltecek?

Kur'ân onlara cevap veriyor: *"Hayatı bidâyette kim vermişse, yine o diriltecektir."*

الَّذِي جَعَلَ لَكُمْ مِنَ الشَّجَرِ الْأَخْضَرِ نَارًا فَإِذَا أَنْتُمْ مِنْهُ تُوقِدُونَ

"O ki size yeşil ağaçtan ateş yaptı da siz ondan yakıyorsunuz." (Yâsin, 36/80)

O Allah ki (c.c) damla damla içinden su damlayan ağaçtan ateş çıkarıyor. Halbuki "iki zıt yan yana gelmez, bir arada toplanmaz" prensibi muhkem bir kaidedir. Kudreti Sonsuz iki zıddı bir arada cem ediyor. Arabın bildiği Merh ve Afar ağaçlarından damla damla su damlarken sürtüldüğünde ateş çıkıverir. İşte böylece kudretini gösteren Allah (c.c) hayata zıt gibi görünen çürümüş kemiklerle hayatı cem eder ve insanı ikinci bir hayatla diriltir, ihyâ eder.

Kur'ân-ı Kerim aynı usulle en küçük atom parça ve parçacıklarından müteşekkil mikro âlemi de nazarımıza verip haşri isbat eder:

يَآ أَيُّهَا النَّاسُ إِنْ كُنْتُمْ فِي رَيْبٍ مِنَ الْبَعْثِ فَإِنَّا خَلَقْنَاكُمْ مِنْ تُرَابٍ ثُمَّ مِنْ نُطْفَةٍ ثُمَّ مِنْ عَلَقَةٍ ثُمَّ مِنْ مُضْغَةٍ مُخَلَّقَةٍ وَغَيْرِ مُخَلَّقَةٍ لِنُبَيِّنَ لَكُمْ وَنُقِرُّ فِي الْأَرْحَامِ مَا نَشَاءُ إِلَى أَجَلٍ مُسَمًّى ثُمَّ نُخْرِجُكُمْ طِفْلًا ثُمَّ لِتَبْلُغُوا أَشُدَّكُمْ وَمِنْكُمْ مَنْ يُتَوَفَّى وَمِنْكُمْ مَنْ يُرَدُّ إِلَى أَرْذَلِ الْعُمُرِ لِكَيْلَا يَعْلَمَ مِنْ بَعْدِ عِلْمٍ شَيْئًا وَتَرَى الْأَرْضَ هَامِدَةً فَإِذَا أَنْزَلْنَا عَلَيْهَا الْمَاءَ اهْتَزَّتْ وَرَبَتْ وَأَنْبَتَتْ مِنْ كُلِّ زَوْجٍ بَهِيجٍ

"Ey insanlar eğer öldükten sonra dirilmekten kuşkuda iseniz (bilin ki) Biz sizi (önce) topraktan, sonra nutfe (sperma)dan, sonra alaka (embriyo)dan, sonra yaratılışı belli belirsiz bir çiğnem et parçasından yarattık ki, size (kudretimizi) açıkça gösterelim. Dilediğimizi belirtilmiş bir süreye kadar rahimlerde tutuyoruz, sonra sizi bir bebek olarak çıkarıyoruz. Sonra güç (ve kabiliyetler)inize ermeniz için(sizi büyütüyoruz.) İçinizden kimi (henüz çocukken) öldürülüyor, kimi de ömrün en kötü çağına (ihtiyarlığa) itiliyor ki, bilirken birşey bilmez hâle gelsin (çocukluğundaki gibi vücutça ve akılca güçsüz bir duruma düşsün). Yeri de kurumuş, ölmüş görürsün. Fakat biz onun üzerine suyu indirdiğimiz zaman titreşir, kabarır ve her güzel çiftten bitirir." (Hac, 22/5)

Eğer haşirden şüpheniz varsa, mahiyetinizde cereyan eden hadiseye bakıp, şu enfüsî delili tetkik edin:

Allah (c.c) başlangıçta sizi topraktan yarattı. Mâhiyet-i aslîniz yeryüzünden alınan birtakım elementlerden ibarettir. Sonra karıştırılarak bir protein çorbası yapılmıştır. Bir kademe sonra yani canlılık seviyesine gelince mahiyetiniz bir damla su oldu. Hem de hor ve hakir bir su... Daha sonra bir kan pıhtısı ve derken şekilli veya şekilsiz bir çiğnem et... Bu hale geldikten sonra artık ya yaratılır veya yaratılmazsınız. Ya bir düşük olarak düşer gider ya da ahsen-i takvim sırrına mazhar bir insan olmanız için mahiyetinizde bulunan tohumunuza göre bir hüviyete irca olunursunuz. Sonra onları dilediğimiz kadar ana rahminde tutarız. Bazen çocuk 3-4 aylıkken düşer; bazen altı, bazen dokuz aylıkken dünyaya gelir.

Ter ü taze bir çocuk haline getirdiğimiz sizler, daha sonra da tam kıvamına, işe yarar hale gelebilmeniz için belli bir noktaya varmaya çalışırsınız. Kiminiz vefat eder müntehaya ulaşamaz. Kiminiz de erzel-i ömre gider dayanırsınız. Belinizin, ayaklarınızın ağrıyıp başınızın büküleceği; ihtiyarlığın sizleri mağlub edip saçlarınızın ağaracağı erzel bir hayata maruz bırakılırsınız. O hale getirilirsiniz ki; herşey olduktan sonra hiçbir şey olmadığınızı anlayasınız. Çocukluktan başlar ve nihayet sakallı bir çocuk olarak göçüp gidersiniz.

أيحسب الانسان ان يترك سدى * الم يك نطفة من منى يمنى * ثم كان علقة فخلق فسوى * فجعل منه الزوجين الذكر والانثى * أليس ذلك بقادر على ان يحيى الموتى *

"İnsan, başıboş bırakılacağını mı sanır? Kendisi dökülen meniden bir nutfe (sperma) değil miydi? Sonra kan pıhtısı oldu da (Rabb'i onu) yarattı, ona şekil verdi. Ondan iki çifti; erkeği ve dişiyi var etti. Şimdi bun(ları yapan Allah)ın, ölüleri diriltmeğe gücü yetmez mi?" (Kıyâme, 75/36-40)

Sizi belli kademelerden ve merhalelerden geçirip bu hale irca eden Allah, ölüleri diriltmeye kâdir değil mi? Görüldüğü gibi Kur'ân-ı Kerim Haşir meselesini başka hiçbir delile ihtiyaç bırakmayacak şekilde, kendine has aklîlik ve mantıkîlikle isbat etmiş oluyor. Kur'ân ayetlerinin hemen hemen üçte birisi bu hakikatlerden bahseder. Biz yukarıda zikrettiklerimizle bu mevzuda sadece bir fikir vermiş oluyoruz. Zaten bundan sonra söyleyeceklerimiz de, bu âyetlerin tefsir ve tafsilinden ibaret olacaktır.

Fikir, düşünce, his, duygu, insan, insanlık ve bütün bunlara bağlı niyet amel ve aksiyonlar; bu dünyadan sel gibi akar. Ve nihayet akış mecrasının mahiyetine göre bir havuzda toplanıverir. Burada bizler herhangi bir mükâfat ve mücazât görmüyoruz. Nice zalimler, cebbârlar ve firavunlara taş çıkartacak kimseler bu dünyada hiçbir cezaya, ikâba maruz kalmadan; başı, beli, dişi ağrımadan; ceberûtu, hodfuruşluğu yanına âdeta kâr kalarak öbür âleme gitmiştir. Aynen bunlar gibi binbir musibete maruz binbir belanın cenderesinden geçmiş, binbir musibet başında değirmen taşı gibi çevrilmiş kimseler de bu dünyadan oldukça mazlum, mağdur olarak diğer âleme göçmüşlerdir.

Zâlimin, kendine göre düşünce ve hesapları, mazlumun da yine kendine göre büyük farklılık arzeden niyet ve düşünceleri vardır.

İşte bir çağlayan gibi akan birbirine tamamen zıt bu iki mecrâ diğer dünyada bir havuza dolan sular misâli temerküz edecek, bu dünyadaki hâl ve hareketlerinin muhasebesi için Cenâb-ı Celle ve A'lâ'nın karşısında sıraya dizileceklerdir. Yapılan muhasebe neticesinde mazlum dünyada iken varlığına kendi varlığı gibi inanmış olduğu cennete, zâlim ise içinde bulunmayı aklının ucundan bile geçirmemiş olduğu cehenneme bir çöp yığını gibi atılacaktır.

Bu dünyada yapılmamış olan ebrâr ve eşrârın temyizini öte tarafta Adil-i Mutlak olan Allah yapacak, eşrar ve zalimler güruhuna:

وَامْتَازُوا الْيَوْمَ اَيُّهَا الْمُجْرِمُونَ

"Ey suçlular, bugün şöyle ayrılın (bakayım!)"(Yâsin, 36/59) şeklinde hitap edecektir. İşte bu mahiyetteki tefrik ve temyiz, muamele yönüyle bu dünyada yapılmamaktadır. Halbuki, diğer eşya arasında, iyi kötüden, güzel çirkinden; kemâl noksandan; burada ayrılmaktadır. İnsan gibi, kâinatın enmûzeci ve özü olan bir varlığın kaideden istisna edilmesi düşünülemez. Burada olmuyor, demek başka bir âlemde olacaktır.

Tohum yere atılıyor çürüyor ve bittiği yerde yeni bir hayat başlıyor. Ağaç dal budak salıp semalara ser çekiyor. Yapraklarla süslenip, meyvelerle donatılıyor. Daha sonra da herşeyini döküp kupkuru bir kemik haline geliyor. Fakat yeni bir baharda tekrar süslenip kendisini sizin nazarınıza arzediyor. Bütün hevâmm ve haşerat sonbaharda kış uykusuna girip, ölüm gibi bir hale maruz kalıyor. İkinci bir baharda yeniden haşr ve neşre tâbi tutuluyor. Bütün varlıklarda cereyan eden bu kanundan insanın müstesna tutulmasına nasıl ihtimal verilebilir? Onun da bir baharı, bir kışı ve ikinci bir baharı vardır. Zira o da bir tohumdan meydana gelmiş; bir ağaç gibi olgunlaşmış; fikir, sır, hafî gibi meyveler vermiştir. Daha sonra da hiçbir şeye yaramaz hale gelmiştir. Bir tohum gibi yeniden toprağa düşmüştür. Ve şimdi ikinci bir baharını beklemektedir. Mevsim geldiği ve sûr'a üflendiğinde o da tahakkuk edecektir.

KÂİNATTA GÖRÜLEN UMUMÎ HİKMET

Kâinatta herşeyi kuşatan bir hikmet müşahede ediyoruz. Herşeyde bir fayda, maslahat ve gaye gözetilmiştir. Materyalistler, ille-i gaiye denilen hikmeti inkâr ederek Cenâb-ı Hakk'ın icraatının makul olmadığını söylerler. Halbuki O, şundan dolayı şunu yapmak mecburiyetinden müstağnidir.

O'na, bir kimse cebriyle bir iş işletemez asla.
Ne kim kendi murad eder, vücuda gelir billah.

Yani, meşieti neye taalluk ederse o olur.

وَمَا تَشَاؤُنَ اِلَّآ اَنْ يَشَاءَ اللّٰهُ

"Alemlerin Rabb'i Allah dilemedikçe siz bir şey dileyemezsiniz" (İnsan, 76/30). Ve insan O'nun dilediğinden başkasını da dileyemez. Zira O, mutlak hâkimdir. Fakat yarattığı herşeyde bir de hikmet gözetmiştir.

İnsan bir an için nazar etse, kendisindeki birtakım hikmet ve maslahat mânâlarının tebessümkâr vaziyetinin hemen ortaya çıktığını görecektir. Onu bir bütün halinde taazzuv ettiren unsurlar teker teker ele alındığında, görülecektir ki, ona yerleşen bir atom dahi lüzumsuz ve abes değildir.

Büyük bir insan olan kâinat da, böyle hikmetlerle donatılmıştır. Öyle ki bütün bu mevcudatta sinek kanadı kadar dahi bir mânâsızlık bulunamaz. Bize faydasız gibi görünen, kıpırdamadan duran bir ağaç yaprağında bile bilemediğimiz nice faydalar gizlidir. Gerçi bunları böyle yaratmaya Cenâb-ı Hakk mecbur değildir, fakat O'nun Hakîm ismi bunu iktiza etmektedir.

Evet makro âlemden normo âleme, oradan da mikro âleme kadar bütün bir âlemi kuşatan hikmet ve maslahat müşahede edilmektedir. Bütün bu âlemler içinde en mükerrem varlık, en seçkin yaratık olma liyakatına sahip insan; bu dünyada sadece maddî ve cesede ait yönüyle binlerce hikmetle serfiraz olmuşken yalnız üç-beş günlük dünya için gelmiş ve bir daha dirilmemek üzere ölüme mahkûm bir zavallı olamaz.

Maddî yönüyle dahi bu dünya onu tatmin edip cevap veremezken, hayal ve bekâ arzusu gibi kâinatı kuşatacak istidât ve kâbiliyetlerine cevap vermesi düşünülemez. İnsanda hiçbir duygunun boş ve abes yaratılmadığını başta kabul ettiğimize göre, bu bekâ, ebedî yaşama duygu ve arzularının bu dünyada karşılığını göremeyen insan elbette, kendisine bir hikmete mebni olarak verilen bu duygularının karşılığını başka bir âlemde görecektir.

اَفَحَسِبْتُمْ اَنَّمَا خَلَقْنَاكُمْ عَبَثًا وَاَنَّكُمْ اِلَيْنَا لاَ تُرْجَعُونَ ۞ فَتَعَالَى اللّٰهُ الْمَلِكُ الْحَقُّ لاَ اِلٰهَ اِلاَّ هُوَ رَبُّ الْعَرْشِ الْكَرِيمِ

"Bizim sizi boş yere, bir oyun ve eğlence olarak yarattığımızı ve sizin bize döndürülüp getirilmeyeceğinizi mi sandınız?

Hak pâdişah olan Allah, pek yücedir. O'ndan başka tanrı yoktur. O, (bütün kâinatı kuşatan, kâinatın hayat kaynağı olan) kerim Arş'ın sahibidir." (Mü'minûn, 23/ 115,116)

Siz abes mi yaratıldığınızı zannediyorsunuz? Allah'a döndürülmeyeceğinizi mi düşünüyorsunuz? Müteâl ve mübârek olan Allah böyle bir fiilden çok münezzeh ve mukaddestir. Sizi buraya getirip serfiraz eden, maddî cesedinizin bütün arzularını veren, kâinatta cereyan eden hâdiselere göre en küçük varlığın en küçük arzusunu yerine getiren Allah (c.c) elbette sizin en büyük arzunuz olan "bekâ" arzusunu yerine getirecek ve sizin için ebedî bir âlem açacaktır.

Nebiler Nebisi saâdet meclisinde oturuyordu. Mescide bir esir grubu getirildi. O sırada Allah Rasûlü (s.a.s) bir kadının yana yakıla bir şeyler aradığını gördü. Kadın yakaladığı her çocuğu sinesine basıyor, kokluyor sonra bırakıyordu. Sonra kendi yavrusunu buldu, bağrına bastı. Doyma bilmeden onu öpüyor, kokluyor, tekrar bağrına basıyordu. Allah Rasûlü (s.a.s) bu manzara karşısında iyice doldu. Hıçkıra hıçkıra ağlayarak parmağıyla yanındakilere bu kadını gösterdi ve: *"Şu kadını görüyor musunuz?"* dedi. Sahâbî cevap verdi: *"Evet Ya Rasulallah!"* Allah Rasûlü (s.a.s) tekrar: *"Bu kadın şu kucağındaki çocuğunu cehenneme atar mı?"* diye sordu. Sahâbî *"Hayır ya Rasulallah!"* karşılığını verdi. Ve işte bunun üzerine İki Cihan Serveri şu hikmet dolu sözleri söyledi: *"Allah o kadından daha şefkatlidir, kullarını cehenneme atmaz."*[10]

---

10) Buharî, Edeb, 18; Müslim, Tevbe, 22

Benim bu misalde esas anlatmak istediğim husus ise şudur: Kulunu cehenneme atmayan ve bu kadar şefkatli olan Allah, buradaki adalet, rahmâniyet, rahîmiyet, şefkat ve re'fetine zıt olarak bir kulunu bir daha dirilmemek üzere yokluğa atar mı? Evet, ebedî cehennem dahi, yok olmaya kıyasla insanın ruhunda cennet kadar kıymetlidir. Yokluk, cehenneme dahi rahmet okutacak ve insanın ebediyet isteyen ruhunu feryat ettirecek, tarifi mümkün olmayan müthiş bir azaptır.

Dünyadaki her kıymete onu tartabilecek bir mizan ve ölçü vaz' edilmiştir. Ancak akıl, ruh, his, kafa ve bunların neticeleri için herhangi bir ölçü konmamıştır. Aklın semeresini tartabilecek bir ölçüye malik değiliz. Halbuki yediğimiz, içtiğimiz gıdaları tartabilecek mizanlar vardır. Bunlar memleket içinde veya dış ülkelerde para kuruna göre bir kıymet ifade ederler. İthalat, ihracat bu değerlere göre yapılır. Bunun gibi bir toprak parçasını dahi tartıp değerlendirebiliriz.

Fakat büyük bir fetânet, kıyâset ve dirâyeti tartıp değerlendirebileceğimiz bir mizan ve ölçü yoktur. Mesela bir Shakespeare ve Hugo gibi müthiş dimağlar, burada kafalarının semeresini görememişlerdir. Bu, meselenin sathî tarafı. Bir de meseleyi ciddi plânda ele alıp bir Nebi'nin fetânetini düşünelim. Mesela, Efendimiz'in aklının, nâmütenahi kalp ve hislerinin semerelerini tefekkür edelim. Ayrıca bütün nebilerin bu kalbî duygularını bir araya getirelim, bunlar için bir mizan ve terazi vaz' edilmediğini nazara alalım. Bu düşünce ve tefekkür bizi şu neticeye götürecektir. Bu duyguların tartılacağı bir mizan ve terazi vaz' edilecektir. Bu, bu dünyada olmuyorsa muhakkak başka bir âlemde olacaktır.

وَنَضَعُ الْمَوَازِينَ الْقِسْطَ لِيَوْمِ الْقِيَامَةِ فَلَا تُظْلَمُ نَفْسٌ شَيْئًا وَاِنْ كَانَ مِثْقَالَ حَبَّةٍ
مِنْ خَرْدَلٍ اَتَيْنَا بِهَا وَكَفٰى بِنَا حَاسِبِينَ

"Kıyamet günü için adalet terazileri kurarız. Hiç kimseye bir haksızlık edilmez. (İnsanın yaptığı iş), bir hardal tanesi ağırlığınca da olsa onu getiririz. Hesap gören olarak biz yeteriz." (Enbiyâ, 21/47)

Âyette de görüldüğü gibi bu dünyada, insan ledünniyatını tartabilecek bir mizan yoktur. İçe doğru her derinleşmede inkişaf eden bir duygunun semeresini tartamıyoruz. İnsanın, sır, hafî gibi duyguları aynı zamanda insana, dünya ve mâfihayı elinin tersiyle ittiren ve onu Cenâb-ı Bâri'den başka kimseye ve hiçbir şeye razı olmaz hale getiren; bunca ulvî duyguları ölçebilecek bir terazi bilmiyoruz. Hatta birçok defalar bu duygularla meşbû bulunan insanlar dahi bunların mahiyetini bilememektedirler. Öyle ise bütün bu ulvî duyguları dahi tartacak bir mizanın kurulacağı âhiret denen gün olacaktır. Ve bu duygular orada kılı kırk yarar şekilde tartılacaktır. Zira insanın dış uzvîyatı için bir ölçü vaz' edilmiştir. Halbuki onun dışından daha parlak ve çok daha ulvî olan ledünniyatı için herhangi bir mizan, ölçü konulmamıştır. Bu ölçü içinde yaşadığını dünyada görülmediğine göre âhirette vaz'edilecektir.

وَلَقَدْ خَلَقْنَا الْاِنْسَانَ وَنَعْلَمُ مَا تُوَسْوِسُ بِهِ نَفْسُهُ وَنَحْنُ اَقْرَبُ اِلَيْهِ مِنْ حَبْلِ الْوَرِيدِ

"Andolsun insanı Biz yarattık ve nefsinin ona ne fısıldadığını biliriz, (çünkü) Biz ona şah damarından daha yakınız." (Kâf, 50/16)

İnsanı Biz yarattık, içinde ne denli vesveselerin oynaşıp kaynaştığını biliyoruz. Ve meseleyi mefhum-u muhalifiyle ele alalım: "İnsanı Biz yarattık ve içinde ne denli ulvî duyguların oynaşıp kaynaştığını da biliyoruz."

İçinden kötü şeyler geçip sığlaşan, yozlaşan ve bodurlaşan; semere vermez hale gelip kalpsiz yaşayan bir insanı Allah, orada kupkuru bir odun gibi haşredecek. Yine, eski elbiselerin içinde, zahiren çok sönük gözüken, fakat katresinde ummanların mevcelendiği çok büyük insanlar vardır ki, onların içine de Allah (c.c) muttali ve nigehbandır. Onu da hesaba çekecek ve derinliğine göre mizan vaz' edecek, ve ona göre mükâfat verecektir.

Haşir için hiçbir sebep olmazsa bile, ahsen-i takvim sırrına mazhar insanın, öbür alemde amellerinin tartılabilmesi ve gerçek değerini bulabilmesi için bir mahşere ve bir mahkeme-i kübrâya mutlakà lüzum vardır. Esasen hiçbir lüzum ve vücub Cenâb-ı Hakk'ı bağlamaz. Fakat O'nun Hakîm isminden yola çıkarak buradaki lütuflarından istidlâl ile gidiyor ve neticede mahşerin kurulacağı hakikatına varıyoruz.

Cenâb-ı Hakk'ın gayeye matuf ve maksada uygun muhteşem bir saltanatı vardır. Bu saltanat atomlar âleminden başlar ve en büyük sistemlere kadar sürer gider. Böyle bir saltanata delil, bütün bu âlemlerde O'nun sikke ve mührünün görülmesidir. Mikro, normo ve makro âlemde hep onun sikkesi müşahede edilmektedir. Bu saltanat öyle muhteşemdir ki, en küçüğünden en büyüğüne kadar hiçbir dairede gayrın müdahalesini kabul etmez. O, bir mizan vaz' etmiştir. Varlığını bildiğimiz fakat hakikatini anlayamadığımız kanunla icraatını devam ettirmektedir. Esasen bizim isimlendirdiğimiz kanunlar, meydana gelen vak'aları izaha yeterli sebep değildir. Meselâ cisimler arasındaki dengeyi, câzibedâfia denilen itme ve çekme kuvvetleriyle izah etmek; vâki olan hadiseyi haddizatında izah için kâfi değildir. Ancak bizim meselenin daha ötesine ıttılaımız olmadığından bu kadarıyla iktifa etmeye kendimizi mecbur sayıyoruz. Bu mevzuda bizi aldatan husus o prensibin her yerde doğru olması hususudur. Halbuki, bu prensibin doğruluğu, sadece o prensibi vaz'edenin güç ve kuvvetini izah eder. Yoksa meseleyi izah etmez. İlim bize vak'aları anlatır. Niçin ve nedenini izah etmez. Fakat meselenin neden ve niçinini izah edemesek de, herşeyde bir hikmetin varlığı apaşikârdır. Buna binaen olan ve olacak herşey bir gaye ve hikmete uygun olarak vücuda gelmektedir.

Ebede uzanmış emeller taşıyan; ebedden ve ebedî Zat'tan başka hiçbir şeyle tatmin olmayan; "Ebed! Ebed!" diye feryat eden ve cennet ve Cemâlullah'ı arzulayıp duran insanın yaratılışında da bir gaye ve hikmet vardır. Aydın ruhlar işte bu gaye ve hikmeti vicdanlarının en derin noktalarında bile hissedebilirler.

Hz. Ebu Bekir (r.a)'in İslâm'a girişini anlatan çeşitli rivayetler vardır. Bunların içinde sıhhati en kuvvetli olan rivayetlerden birisi de şudur:

Allah Rasûlü (s.a.s)'ne, örtüsünden sıyrılıp halkı inzâr etmesi emri gelince İki Cihan Serveri kendi kendine düşündü: "Ben bu hakikati ilk defa kime anlatayım?" hemen aklına gelen ilk isim Hz. Ebu Bekir (r.a) oldu.

Allah Rasûlü (s.a.s) bu düşünceler içinde bulunurken, Hz. Ebu Bekir (r.a)'de evde şöyle düşünüyordu. Beni ve bu kâinatı yaratan birisinin varlığını biliyorum. Fakat O'na bir isim veremiyorum. Bu mevzuyu gidip Muhammed (s.a.s)'e açmalıyım. Zira O, bu gibi meseleleri herkesten daha iyi bilir.

Allah Rasûlü (s.a.s) ve Hz. Ebu Bekir (r.a) birbirlerinden habersiz, birisi Hakkı talim, diğeri ise Rabbi taallüm düşüncesiyle yekdiğerinin evine gitmek üzere evlerinden çıkarlar. Her ikisi de bir sokakta karşı karşıya gelirler. Bu vakitsiz karşılaşış her ikisini de hayrette bırakır. Birbirlerine çıkış sebeplerini sorarlar; her ikisi de duygu ve düşüncesini dile getirir. Ve Allah Rasulü (s.a.s) büyük bir sevinçle Hz. Ebu Bekir (r.a)'i hak dine davet eder. O da derhal İslâm'a girip, Müslüman olur.[11]

Büyük basar ve basiretler, eşya ve hadiselere nüfuz etmek suretiyle, Cenâb-ı Hakk'ı bulma mevzuunda bir hükme varabilirler. Ve işte Hz. Ebu Bekir (r.a) küçük bir eksiklikle doğruyu bulmuş, o eksikliğini de Allah Rasûlü (s.a.s) tamamlayarak onu hakikata erdirmiştir.

Eşya ve hadiseleri tetkik eden herkes bütün bunların üstünde Cenâb-ı Hakk'ın mührünü görecek, âfâkî ve enfüsî tefekkür neticesinde şu hükme varacaktır: "Beni burada başıboş bırakmayan, elbette kabre girdikten sonra da başıboş bırakmayacak ve bahar mevsiminde nebatatı haşrettiği gibi, çekirdek haline gelmiş zerrelerimi de ikinci bir hayatta yeniden diriltecek ve bir mahkeme-i kübra açacaktır."

---

11) El-Bidâye ve'n-Nihâye, c. 3, s. 27 v.d. Beyrut- 1966; Hayâtu's-Sahâbe, c. 1, s. 83, Beyrut - 1968.

KERÎM ve RAHÎM İSİMLERİ ÂHİRETİ İKTİZA EDER

En zayıf ve en muhtaçlara, en güzel ve en mükemmel şekilde bakılıyor. En çelimsiz canlıların, elsiz ve ayaksız varlıkların çok rahatlıkla beslendiğini görüyoruz.

İradesini kötüye kullanarak işe müdahale eden insanların yanlış müdahaleleri bir tarafa bırakılacak olursa, en zayıf, çelimsiz, aciz ve nahif varlıklara en güzel şekilde bakıldığını müşahede ediyoruz.

İşte, bir hücrenin hayatiyetini devam ettirmesi; ana rahmindeki ceninin en mükemmel usulle beslenmesi ve dünyaya gelen yavruya annenin musahhar edilerek en küçük ihtiyacının dahi, büyük bir ihtimamla deruhte ettirilmesi; denizin dibindeki balıklar ve meyvenin içindeki kurtların gayet mükemmel beslenmesi; yerinden kımıldama imkânı olmayan ağaçların ve yatalak hastaların rızıklarının kendilerine kadar getirilmesi ve bunlar gibi binlerce müşahhas misaller yukarıda mücerret fikir halinde söylediğimiz hususu te'kid etmektedir.

Bütün bunlarla anlıyoruz ki, kâinatta hükmeden Kerîm ve Rahîm bir Zât vardır.

Cenâb-ı Hakk umum kâinatta bu kadar ihsan ve kerem sahibi olursa, O daima ikrâm ve ihsan etmek ister. İkram ve ihsan etmek istemesinin yanında ikram ve ihsan edeceklerinin de vücutlarını iktiza eder. Madem ki bu dünyada âciz, zaif ve aynı zamanda fanî insanlara bu kadar ikrâm ve ihsanda bulunuyor; rahmet ve keremi bu ikramlarının devamını istilzam eder. Halbuki burada insan yediği bir üzüm tanesine mukabil bin tokat yiyor. Tadıyor, fakat doymuyor. Ağzında tat, kalbinde feryat ve figan meydana geliyor. Ona zevk veren şeyler, veda dahi etmeden ve hiç sormadan çekip gidiyorlar. Gençlik, güç, kuvvet ve daha nice zâil olan nimetler gibi... Öyleyse burada insana bu kadar ihsanda bulunan Cenâb-ı Hakk ihsan ve nimetlerini kesivermekle, nimeti nikmete, lezzeti azaba ve muhabbeti düşmanlığa çevirmeyecektir. Halbuki bütün bunlar ebedî olmazsa, nimet nikmet olur. Lezzet azab olur. Ve sevgi düşmanlığa dönüşür. Öyleyse, bu nimet ve ihsanların devam edeceği bir ebedî âlem vardır ve mutlaka olacaktır.

ŞEFKAT DE ÂHİRETİ İKTİZA EDER

Yeryüzünde çok açık olarak bir şefkatin hükümferma olduğunu müşahede ediyoruz. Şefkat acıma hissidir. Şefkat bir mazlûma merhamet etme hissidir. Şefkat, ağlayanın ağlamasına kulak verme hissidir. Şefkat, yaralı, arızalı, bereli bir kimsenin arızasını tedavi etme hissidir. En küçük daireden en büyük dairelere kadar bu şefkat hissinin geçerli olduğunu görüyoruz.

Eliniz yaralansa, siz de elinizi tedaviye koyulsanız, Allah'ın merhamet ve şefkati olmasa, inanın kanınızın, yaralanan o kısmı nescetme, onarma faaliyeti görülemeyecek ve siz o yarayı kapatamayacaksınız. Kapanmayan yaralar görüyoruz, bunlar size bir şey anlatmıyor mu? Çok ciddi ameliyat iktiza eden bir hastalık karşısında, bir insanı ameliyat masasına yatırmadan evvel hekimler baş başa verip düşünüyorlar. Ya bir şeker hastalığı veya daha başka bir sebep yüzünden: "Biz bu hastayı ameliyat edersek, bu yaranın kapanması zor olacak" diyebiliyorlar. Yine sizler, öyle ameliyat geçirmiş kimseleri görürsünüz ki, bunların yaraları aylar, bazen de seneler sonra kapanmaktadır. Allah (c.c) kapatmazsa kapanmaz. Ya şeker nisbetini yükseltiyor ya da pankreasla ilgili bir arıza meydana getiriyor, ensülin dengesi bozuluyor ve yara kapanmayabiliyor.

İşte, insanın büyük sayılabilecek yaralarının dahi kısa zamanda iyileşmesini temin eden Cenâb-ı Hakk'ın sadece bu noktadaki şefkatini anlayabiliyor musunuz? Cenâb-ı Hakk (c.c) bizlere merhamet ediyor. Ama ne ile? Ancak mikroskoplarla görebileceğiniz küçücük varlıkları imdadınıza göndererek.

Hele yavruların durumu. O bütün bütün insanı hayrette bırakıyor. Allah (c.c) küçücük bebelere ayrı bir şekilde merhamet ediyor. Dünyaya gelen, en saf, en temiz gıdalara ihtiyacı olan o yavrulara ayrı bir ihtimam sözkonusu. Onu önce ana rahminde besliyor. Rahmin cidarlarını yavrunun beslenebileceği bir vasat haline getiriyor. Dilimizde meşimen olarak da adlandırılan bu rahmin duvarları gıdalarla donatılıyor. Anne, çocuğa bir hâdime, hizmetçi haline getiriliyor. Yavru, dünyaya gelirken, Cenâb-ı Hakk onun için yeniden öyle bir gıda meydana getiriyor ki, yeni dünyaya gelmiş bir canlının ilk zaruri ihtiyacı odur: Anne sütü. Evet, anne sütü hiçbir gıdanın yavru üzerinde hasıl edemeyeceği müsbet bir tesir meydana getiriyor. Hattâ siz o sütü sağıp başka bir kaba koysanız ilk andaki halavetini ve vitaminlerini koruyamayacaksınız. Sizler, beslemiş olduğunuz koyun ve sığırların tertemiz memelerinden aldığınız sütü dezenfekte edilmiş kaplara alsanız, sonra da bu sütü yavrulara verseniz onları daha iyi beslemiş olmayacaksınız. Tetkik edecek olursanız doğrudan doğruya annesinden beslenen buzağı ile, kaplara alınmış sütle beslenen buzağılar arasında yetişme açısından oldukça farklılıklar meydana geldiğini göreceksiniz. İşte, anne memelerinden bir âb-ı hayat gibi sütü akıtan ve bu süt vasıtasıyla şefkate çok muhtaç olan yavruları besleyen Allah'ın o sonsuz şefkati değil de nedir? Allah (c.c)'ın sonsuz merhameti olmasaydı bütün bu hüsünler meydana gelir miydi?

Evet, dört bir yanda azim bir şefkatin hükümferma olduğunu gökkuşağı gibi görüyoruz. Sular çağlayıp çağlayıp bitkilerin ihtiyacına koşuyor. Rahmet onların da başını okşuyor. Onlar için çok zarurî olan hava, ağaçların ağzı, burnu menzilesindeki yapraklarla teneffüs ediliyor. İnsanın teneffüsüne mani olsanız onun ölümüne sebep olabileceğiniz gibi bitkiler de havasız bırakılsa canlılıklarını yitirir ve kuru bir çöp haline gelirler. Yeryüzünün canlı bütün organizmalarına şâmil bir şefkat olduğunu kabul etmedikten sonra yapmaya çalışacağınız bütün izahlar, birer diyalektikten öteye geçmeyecektir. Şimdi lütfen dikkat ediniz. Böyle en ehemmiyetsiz gibi görünen canlıların imdadına şefkati ile karşılık veren Cenâb-ı Hakk, o şefkate çok muhtaç bekâ arzusuyla yanıp tutuşan insanın arzusunu yerine getirmemesi mümkün müdür? İnsanı dünyada bu kadar nimetlerle perverde etsin de sonra insanı idam-ı ebedî ile yok etsin, kabirle insanın hayatını ve varlığını sona erdirsin, ona ebedî bahçeler, cennetler açmasın, ebedî nimetlerle serfiraz kılmasın mümkün müdür?

Bizler bütün yeryüzündeki şefkat eserlerinden istidlâl ederek şu hükme varıyoruz: Zerrelerden küreye, hücrelerden en kompleks organizmalara kadar her tarafta O'nun şefkat ufuklarını açmış olan Allah (c.c) âhireti açacak, insanları yeniden diriltecek, bu dünyada çeşitli nimetleriyle perverde etmiş olduğu insanı, âhirette de o bitmek tükenmek bilmeyen nimetleriyle donatacaktır.

CELÂL ve İZZET ÂHİRETİ İKTİZA EDER

Tepeden tırnağa bizi bu denli nimetlerle perverde eden Cenâb-ı Hakk'ın bir de izzeti vardır. O, nimetlerine başkasının müdahale etmesini kabul etmeyeceği gibi, nimetler mukabilinde yapılacak olan arz-ı teşekkür ve minnetin de başkasına yapılmasına razı olmaz. Bunun yanında, aksi hareket edip, nimetlerine nankörlük edenlere karşı da bir gayret ve ceberutu vardır.

Halbuki, nice insanlar var ki, binlerce nimete gark olmuşlarken nankörlük edip, kulluk ve ubûdiyetlerini Allah'tan başkasına yapıyorlar. Allah (c.c)'ın kendisini tanıtmak için yaptığı bunca ihsanına karşı gözü kapalılıkla mukabelede bulunuyorlar. Bu dünyada, kâfir, zalim, cebbâr ve gaddâr ceza görmeden çekip gidiyor.

Halbuki izzet ve celal, öyle edepsizlerin te'dibini ve cezalandırılmasını ister. Bu, dünyada olmuyor. Demek ki, başka bir âlemde olacaktır. Orada zâlim cezasını, mazlum da mükâfatını görecektir.

Evet, öyle bir gün gelecek ki, o günde Allah'ın nimetlerine nimetleri cinsinden şükrünü eda edebilenler:

كُلُوا وَاشْرَبُوا هَنِيئًا بِمَا اَسْلَفْتُمْ فِى الْاَيَّامِ الْخَالِيَةِ

"Geçmiş günlerde yaptığınız işlerden ötürü (bugün) afiyetle yiyin, için!" hitabıyla karşılaşacaklardır. (Hâkka, 69/ 24)

Ayrıca bir hadis-i kudside Cenâb-ı Hakk şöyle buyurmaktadır:

اَعْدَدْتُ لِعِبَادِى الصَّالِحِينَ مَا لاَ عَيْنٌ رَأَتْ وَلاَ اُذُنٌ سَمِعَتْ وَلاَخَطَرَ عَلٰى قَلْبِ بَشَرٍ

"Salih kullarıma, gözün görmediği, kulağın işitmediği ve beşerin kalbine dahi gelmeyen şeyler hazırladım."[12]

Gözün görmediği, kulağın işitmediği ve insanın kalbine hutûr etmeyen derin işler yapan, derinleştikçe derinleşen, içiyle yaşayan, gafletten uzak ve her an, Cenâb-ı Hakk'ın huzurunda hazır olma havası içinde hayatını devam ettiren hüşyâr kalpler, aynı hareketlerinin ve amellerinin mükâfatını da aynı cinsten görecekler. Cenâb-ı Hakk onları bir takım sürprizlerle karşı karşıya getirecek.

Eşya ve hadiseleri değerlendirerek fikir yapısında mesafe ve inkişaf kaydeden insanlar herhalde, dünyada bir çoban gibi yaşayan insanlardan farklı muamele görecektir.

12) Buharî, Tevhid, 35; Müslim, Cennet, 2, 3, 4, 5; Tirmizî, Cennet, 5.

BUNCA CÖMERTLİK ÂHİRETİ GEREKTİRİR

Muhtaç olduğumuz şeyler Cenâb-ı Hakk'ın lütuf seyri içinde gelmese, cihanları versek dahi birini elde edemeyiz.

Harun Reşid'in karşısına çıkan Allah dostu sorar:

- Harun! Şu bir bardak suya muhtaç olduğunda onu elde edebilmek için bütün saltanatını verir miydin?

- Evet,

- Peki, bu suyu içsen de dışarıya çıkaramasan, onu çıkarmak için bütün saltanatını verir miydin?

- Evet.

Bunun üzerine ârif insan şunları söyler:

- İşte ya Hârun! Senin bütün servet ve saltanatın bir bardak sudan ibarettir!...

Şu bir bardak sudan alalım da her an muhtaç olduğumuz havaya kadar, bütün nimetleri, kapımızda hazır buluyoruz.

Her mevsim ayrı ayrı binlerce çeşit meyve Cenâb-ı Hakk'ın lütuf ve ihsanıyla geliyor. Aksini düşünseydik, değil o meyveleri, bütün cihana bedel bir çekirdeği dahi elde edemezdik.

İşte, dünyada, Cenâb-ı Hakk'ın bu denli seha ve cömertliğini görüyoruz.

Zavallı insan, keramet ve mucize arıyor. Halbuki etrafımızdaki bu çeşit hadiselerin hepsi hârikulade olarak meydana geliyor.

Cömertliğe bakın ki, güneş ve ay insana iki mûtî hizmetkâr gibi çalışıyor ve hizmet ediyor. Isısıyla başımızı okşarken, ihtiyacımız olan meyve, sebze ve hububatın olgunlaşmasını da deruhte ediyor. Eğer bütün bu cömertlikler geçici ve fani şu dünya misafirhanesine mahsus olsa ve devam etmese, düşündüğümüz ve her an bize gelmesi muhtemel ölüm sebebiyle, her nimetin ardından bir bardak zehir içiyor gibi ızdırap çekecektik. Zira itlâf ettiğimiz her nimet bize, bir gün bütün nimetlerden mahrum olacağımızı ihtar etmektedir. Bundan da korkuncu ebedî yokluğu hatırlatmaktadır.

Halbuki bu kadar cömert bir Zât, verdiği bunca nimetleri tattırdıktan sonra elimizden almaz. Belki o nimeti devam ettirir ve ebedîleştirir. İşte bu geçici âlemde bu kadar cömertliği cilvelenen Zât'ın, bir de ebedî ve tükenmeyen bir âlemi vardır ki, burada numunesini gördüğümüz cömertlikler orada bizzat ve ebedî olarak devam edecektir. Yoksa onun bunca cömertliği, aksiyle vasıflanır ki, bu da onun Zat-ı ulûhiyetiyle bağdaşamaz ve O, böyle çirkinliklerden münezzeh ve mukaddestir.

EBEDÎ CEMAL ÂHİRETİ İSTER

Bir bahar mevsiminde, kuşların şakıyışı ve suların çağlayışını dinleyelim. Bütün nebatat ve ağaçların yemyeşil zümrüt gibi güzelliğini; güneşin doğuş ve batışını ve bulutsuz bir gecede mehtabı seyredelim. Kâinatta cilvelenen bütün güzellikleri hayalimizin nazarına arzedelim.

İşte bu ve bunun gibi bütün tatlı tablolar Cenâb-ı Hakk'ın cemâlinin bir cilvesidir. O peşi peşine birbirini takip eden bu manzaralarla bize, kendi güzelliğini göstermektedir. Bizler de O'nun bu cilvelerindeki güzelliği seyretmekle kendimizden geçiyoruz. O, kendini tanıttırmak istiyor, biz de tanımaya çalışıyoruz.

Şayet biz bu güzellikleri seyrederken perdeyi kapayıverse ve bizi yokluk karanlıklarında bıraksa, nimet nikmete, muhabbet musibete, akıl da bize ızdırap veren bir âlete döner. Halbuki böyle bir Cemâl, böyle bir çirkinlikten münezzeh ve mukaddestir.

Aslında nimeti nimet yapan ve aklı her şeyden lezzet alır hale getiren, o nimetlerin devamıdır. Binâenaleyh Allah, kendi ebedî ve sermedî olan Cemâlini devamlı bize göstereceği ayrı bir yurt açacak, bizi o diyarda haşr ve neşr edecek, sonsuz nimetlerini Cemâl ve Kemâlini bize orada gösterecektir.

Hem O'nun güzellikleri ebedîdir. Öyleyse güzelliklerin devam edeceği ebedî bir âlem gerekir. Tâ ki, buradan geçip giden güzellikler orada ebedî olarak devam etsin. Evet, bu dünyada cilvelerinin güzelliğiyle kendimizden geçtiğimiz gibi, bir gün Zâtı'nın Cemâl ve güzelliğini seyrederken de kendimizden geçeceğiz.

وُجُوهٌ يَوْمَئِذٍ نَاضِرَةٌ اِلٰى رَبِّهَا نَاظِرَةٌ

"Yüzler var ki o gün ışıl ışıl parlar. Rabb'ine bakar." (Kıyâme, 75/22, 23)

BÜTÜN VARLIK ARASINDA BİR TENASÜB VAR BU DA ÂHİRETİ İSBATLAR

Dış eşya ile insan arasında çok ciddi bir alâka görüyoruz. Bu alâka her ikisini yaratan Hâlıkın birlik ve vahdetine delâlet eder. Dışta görülecek, duyulacak, tadılacak şeyleri yaradan kim ise; insana görme, duyma ve tad alma duygularını ihsan eden de yine O'dur.

Şefkat edilecekleri var edenle, insana şefkat duygusu veren aynı Zâttır. Bazı hâdiseler irade ile halledilir. Bu hâdiseleri vaz' eden de, insanda iradeyi vaz' eden de aynı Zât olmalıdır. Saymakla bitmez nimetleri verenle, kendisine bu nimetleri tatma duygusu veren, var eden bir Vâcibü'l-Vücûd vardır. İnsan vücuduna gözü yerleştiren kim ise, semanın gözüne güneşi gözbebeği gibi yerleştiren de O'dur. Zira güneş ile insanın gözü arasında ciddi bir münasebet ve tenasüb vardır.

Elma insan vücudu için faydalı vitaminleri taşıyor. Sert ve selülozlu kabuğu dahi, faydadan hâli değildir. Çünkü yendiği zaman bağırsaklarda onu eritecek enzim olmadığından bağırsak tembellikten kurtulur ki, bu da vücut için faydalı bir husustur.

Elma, vitaminleriyle faydalıdır. Ancak insan onun vitamininden istifade ederken, ağız ondan tat almasa ve tiksinti duysa acaba o vitaminleri almaya yeltenmek kâbil olur mu? Ancak çok zarurî hallerde ve zaruret miktarı kadar; aynen bir ilâç gibi alınır ve insanın içinde daima bir isteksizlik doğurur. Fakat, düşünelim ki, evvelâ bizim vücudumuz ondaki vitaminlere muhtaç olarak yaratılmış. Ayrıca o vitaminleri alırken ağzımıza da bahşiş veriliyor ve biz bir elmayı yerken, vücudumuza faydasından ziyade ağzımızda hâsıl ettiği tadından ve lezzetinden dolayı yiyoruz. Bütün meyveleri elmaya kıyas ederken bu usulün hayatın her sahasında tatbik edildiğini de hatırlatmış olalım.

İnsan neslinin hattâ bütün canlıların, tükenmemesi ve milletinin devam etmesi için, Cenâb-ı Hakk bir kanun koymuştur. Fakat bu fıtrat kanununun içine bir de peşin ücret mânâsına bir zevk ve lezzet yerleştirmiştir. Eğer bu ücret peşinen o muamelenin içine yerleştirilmeseydi, ve tam aksine bu hareket insanın nefret ettiği bir hususla telâfi edilseydi hiçbir neslin devamı düşünülemezdi.

Bütün bunlarla anlaşılıyor ki, neslin devamı kanununu kim vaz' etmişse, o peşin ücreti de o vaz' etmiştir. Vaz' ederken de, fıtrî ve yaratılışa uygun vaz' etmiştir. Öyleyse fıtratı yaratan da O Zât'tır.

İşte Cenâb-ı Hakk birbirleriyle bu denli münasebettar nimetleriyle bizi perverde edip, soframızı donatıyor; sonra da hava kararıp bir fırtına esiyor. Ardından da bu ihtimamla hazırlanmış sofra altüst oluyor. Ölüm rüzgârı esiyor; ya bizi, ya da o nimetleri alıp götürüyor. Demek ki burada bize takdim edilen nimetler sadece geçici ve fâni dünya için verilmiyor. Nasıl ki, burada verdiği nimetler arasında bir münasebet varsa bütün bu nimetlerin de münasebetdar olduğu başka ve daha büyük bir nimeti de vardır. Burada tattırdıkları da sadece diğerlerini teşvik içindir. Yani bu dünyadaki nimetler âhirette verilecek olanlar için bir numuneden ibarettir. Ve asılları orada verilecektir. Dünyadaki bu münasebeti kabul ettikten sonra, âhiretle olan münasebeti kabul etmemek akıl kârı değildir.

Cenâb-ı Hakk bu âlemle öbür âlemi, birbirine muttasıl ve çok ciddi bir râbıta ile alâkalı olarak yaratmıştır.

Varlık, varlıktaki ölçü ve mizan bütün nimetler ve güzellikler öbür âlemdeki mânâlarına işaret ederken belâ, musibet ve ızdıraplar da, müstehakları için öbür âlemde aynılarının olacağına delâlet ederler.

Hesap ve muhasebeler; hıfz ve muhafazalar, bütün amellerin bir hesabının olacağına ve muhafaza edilen amellerin durumuna göre, bir gün çehrelerin ya kararıp simsiyah veya nadret ve sürurla gün gibi aydın, parıl parıl olacağına kat'î delildirler. Gönüllere inşirah salan şu ilâhî beyanı bir kere daha tekrar edelim:

وُجُوهٌ يَوْمَئِذٍ نَاضِرَةٌ اِلٰى رَبِّهَا نَاظِرَةٌ

"Yüzler var ki o gün ışıl ışıl parlar. Rabb'ine bakar." (Kıyâme, 75/22, 23)

Evet, bir evin odaları arasında nasıl ciddi bir alâka ve tenasüb varsa, dünya ile âhiret arasında da aynen öyle ve hatta daha mükemmel bir surette tenasüb vardır.

BURADAKİ HIFZ ve MUHAFAZA ÂHİRETİN OLACAĞINA DELİLDİR

Bu âlemde mükemmel bir hafîziyet hükümfermadır. İnsanın mahiyeti sperm denilen bir hücrede muhafaza edilmektedir. Karakterinin en ince teferruatına kadar kromozomlarda onun istikbali saklanmaktadır. Sizler insandaki kromozom sayısını değiştirmeye kalksanız onun mahiyetini değiştirmiş olacaksınız. Bilindiği gibi insanın ruh yapısı, karakteri, iç dünyası bu kromozomlar vasıtasıyla şekillenmektedir. Bunların sayısı 46 değil de 44 ya da 48 olsa, insan bambaşka bir canlı şekline dönüşmüş olur. Görüldüğü şekilde kromozom gibi minnacık varlıklar insanın ne olacağı hususunda, sebep ve vesile olarak hüküm veriyorlar. Demek ki, Cenâb-ı Hak onlara takdir hakkını vermiş ve belli bir nizamı böylece sürdürüyor. Biz de burada riyâzî bir keyfiyetin hükümferma olduğunu müşahede ediyoruz.

İnsan zâyi olmamaktadır. Bugün insan olarak doğan yarın hayvana, başka bir gün de bitkiye dönüşmemektedir. Evet, mikroskopla ancak görülebilecek kadar küçük bir varlıkta kâinatın hülasası olan insan muhafaza olunuyor. O, insan olarak doğacak, yaşayacak, ölecek ve nihayet yine insan olarak haşrolup insan olarak hesaba çekilecektir.

Koca çam ağacı, küçücük çekirdeğine yerleştirilmiş ve orada semaya ser çekecek istikbaldeki haliyle muhafaza ediliyor.

Atom fiziğinin kurucularından S. James: "Kâinatı yaratan muhakkak en mükemmel bir matematikçidir" derken, kâinatta hüküm süren riyazî ölçülere işaret etmektedir. Hiçbir hâdise, yön ve harekette, kâinatta mevcut bulunan riyazî ölçülere terslik göstermez. Esasen bütün bunlar bize O'nun Mukaddir ismini anlatıyor. Fakat Jean ve onun gibi düşünenler sâir isimleri de, O'nun Mukaddir isminin gölgesine sokuyor. Biz Ehl-i Sünnet ve'l-Cemaat olarak, bir yönüyle bunu kabul ederiz. Bir dairede herhangi bir isim hâkim ise, diğer isimler, mevcudiyetlerini o ismin gölgesinde hissettirirler. İşte, takdir, ölçü, kıstas, matematiğin hâkimiyeti ve gözü tırmalayacak bir durumun bulunmaması açısından eşya ve hâdiselere baktığımızda evvelâ bütün ihtişamiyle Allah'ın "Mukaddir" ismini görüyoruz.

Herşeyin muhafaza edildiğini söylemiştik. Bütün bitkileri de aslî hüviyetlerinde muhafaza eden kromozomlarıdır. Evet, insan spermde; bir ağaç, çekirdeğinde muhafaza edildiği gibi, bütün sesler de fezada ve çeşitli cisimlerde muhafaza ediliyor. Belki bir gün gelecek keşfedilen aletlerle bu sesleri yeniden dinleme imkânı doğacaktır. Bir teyp bandına sesler tesbit edildiği gibi, bize ait ses, tavır ve hareketler de yanından geçtiğimiz veya içinde yaşadığımız cisimler tarafından tesbit edilmektedir ki, bir gün leh veya aleyhimizde şehadet edeceklerdir.

Bir ilim adamının yapmış olduğu denemede şöyle bir

husus gözlenmiştir: İlim adamı deneme yapıyor. Bir ağaç altında işlenen cinayetle ilgili olarak şüpheli birkaç kişi deneme mahalline getiriliyor. Maznunlardan masum olanlar içeriye girdiğinde hiçbir değişiklik göstermeyen ağaçlar, kâtil içeriye girdiğinde sarsılmaya başlıyorlar. Ve böylece kâtil tesbit edilmiş oluyor. Daha önce katilin çıkardığı şerareler, ağaç tarafından tesbit ve muhafaza edildiğinden dolayı sonra kâtili ihbar ediyor.

En basit hareket ve hâdiselerin dahi tesbit edildiği ilmen sabit olduktan sonra, meselenin insana ait yönüne bakabiliriz: İnsanı spermde, ağacı çekirdekte ve bir tavuğu yumurtanın hayat düğümünde muhafaza eden böyle bir Hafîz, insan gibi, kâinatın nokta-i mihrâkiyesi ve yeryüzünün halifesi bir sultanı öldükten sonra, başıboş bırakmayacak ve toprağa atılan bir tohum gibi, başka bir âlemde, ona şayeste bir hayat bahşedecektir.

SONSUZ KUDRETİN ÂHİRETE DELÂLETİ

Dudaklarda bir tebessüm meydana getirecek veya dudakları patlatacak her iki manzarayı da hâvi bir mahşerin kurulacağını Cenâb-ı Hakk, Kur'ân'ında vaad ve vaîd ediyor. Bu ifadeler bir yönüyle müjde diğer yönüyle korkutma mânâsını taşıyor.

O, söz veriyor. Verdiği sözü yerine getirmeye muktedirdir. Sözünden dönmek ise O'nun keyfiyetsiz keyfiyetine asla yakışmaz. Zira O, hulfu'l-vâ'd gibi bir noksanlıktan münezzehtir.

Bütün kâinatta eşya ve hadiselerin içinde veya dışında, Cenâb-ı Hakk'ın muhteşem kudretini müşahede ediyoruz.

Atomlar âleminden, nebülozlar âlemine kadar çok sıkı riyazî bir râbıtanın varlığını biliyoruz. Meselâ, bir atomu ele alalım: Çekirdeğin etrafında dönen elektronlardan başlayıp ona denk içteki ağırlığı teşkil eden ve bu ağırlık içinde esas tecrid ameliyesini yapan nötron ve protonlara kadar inceleyelim. Neticede, atomda çok ciddi bir riyaziyenin hükümferma olduğunu göreceğiz.

Atomlar, yarı müstakil varlıklar oldukları halde bir araya gelip yeni koloniler teşkil ederler ve bunlardan moleküller meydana gelir.

Çekim sahası ve radyasyon durumuyla güneş sistemini ele aldığımızda, peykleriyle güneş arasında çok sıkı bir irtibatın olduğunu görürüz. Bu râbıta kendisini o kadar canlı hissettirir ki, güneşteki hususî durumların yer fiziği üzerinde çok kere tesir icrâ ettiğini müşahede ederiz. Bu tesir, çekim sahası ve radyasyon durumuyla doğru orantılıdır.

Forsed şöyle der: "Bir hücrenin diğer hücrelerle münasebeti gibi makro âlemde de münasebet vardır."

Bir hücre yarı müstakil hükümet gibidir. İçlerindeki emir-komuta hep müstakildir. Kendi yapısını muhafazaya çalışır. Belli bir merkeze ihtiyaçlarını bildirir. O merkez de, kendi üstündeki merkeze tembih yapar, durumu anlatır. Daha önceki müracaatlarında gösterdikleri ihtiyaç listesine göre rızıkları kapılarına kadar gelir. Her hücre, harcamasını müstakil olarak yapar. Bu hücre denen devletçikler yan yana gelerek federatif bir devlet teşekkül ettirirler.

Eşya arasındaki bu râbıta, muhteşem bir şuurun eseri olarak görülüyor. Esas meseleyi bilmeyenlerin söyledikleri her şey şaşkınlıktan öteye gitmiyor, bu şuuru tabiatta aradıklarından dolayı şaşkınlıklarını ifade etmekten başka çare bulamıyorlar. Biz ise: سُبْحَانَ مَنْ تَحَيَّرَ فِي صُنْعِهِ الْعُقُولُ diyor ve hayrette kalışımızı böylece ifadelendiriyoruz. Evet, "kudretin sergilediği eserler karşısında akılların hayretten donakaldığı O Zât acz ve kusurdan münezzehtir."

Vücudu teşkil eden milyonlarca hücrenin herbiri, âdetâ Eflâtun'un beynini taşıyor ve dünyayı idare edebilecek bir karihaya sahip. Vücudun korunması; sıhhatle devam etmesi ve hijyen prensipleri içinde hüküm sürmesi için hepsi baş başa vermiş ve anlaşmış gibidir. Onların bu vaziyeti, bütün bunlara hükmeden bir hâkim kudretin varlığını göstermiyor mu?

Mikro âlem denilen küçüklerin oynaştığı, kaynaştığı âlemde de bu böyledir. Makro âlem denilen galaksilerin ve yıldızların cevelan ettiği âlemde de durum aynıdır. Elektromanyetik dalgalar, radyasyonlar, birbirleriyle çok şuurlu bir şekilde alışveriş yapıyorlar. Şayet bu şekilde bir şuurlu alışveriş olmasa, bir kalp gibi çarpan ve genişleyerek bir tarafa doğru giden bir galaksinin hayatını devam ettirmesi mümkün değildir. Görüldüğü gibi büyük bir kuvvet ve kudretle karşı karşıyayız. Bütün varlık arasında şuurlu bir müdahalenin varlığını haykıran sımsıkı bir râbıta var.

Şimdi düşünelim: En küçük âlemden, en büyük âleme kadar, bu şuurlu râbıtayı, inzibat ve hâkimiyeti tesis eden; zavallı, kör, sağır, iktidarsız ve şuursuz şu zerreler midir? Yoksa kemâl sıfatlarla muttasıf, noksan sıfatlardan münezzeh olan Cenâb-ı Hak mıdır? Evet O'dur. Ve O'nun kudreti sonsuzdur...

İşte böyle kudreti sonsuz olan Cenâb-ı Hakk bir kitap gibi yarattığı şu kâinatı bir gün kapatıp, başka bir gün yeniden açacağını vaad ediyor. Madem ki, söyleyen O'dur; ve bu mevzuun ihtisas sahibi olan nebiler, sıddıklar ve veliler hep buna şehadet ediyorlar; öyleyse muhakkak olacaktır. O halde haşrin meydana geleceğine mümkün olarak değil mutlak vaki' nazarıyla bakmalıdır.

يَوْمَ يُنْفَخُ فِى الصُّورِ فَتَأْتُونَ اَفْوَاجًا وَفُتِحَتِ السَّمَاءُ فَكَانَتْ اَبْوَابًا

"O gün Sur'a üflenir, bölük bölük gelirsiniz. Gök açılmış kapı kapı olmuştur." (Nebe, 78/18, 19)

Sırtlarına yüklenen büyük emanet hakkında kendilerine sorulacak sorulara cevap vermek, istintaka tâbi tutulmak üzere, ins ve cinle beraber, melâike de mahşeri saracaktır. Kur'ân-ı Kerim'in müteaddid ayetleri bu hususa dikkati çekiyor.

YERYÜZÜNDE GÖRÜLEN ÖLDÜRME ve DİRİLTME HÂDİSESİ ÂHİRETİ İSBAT EDİYOR

Yeryüzünü tetkik ettiğimiz zaman, bir an olur ki, o anda herşey var olma ve dirilme havası içinde arz-ı didar eder. El ele, omuz omuza, diz dize, bütün mahlûkat Cenâb-ı Hakk'ın karşısında resm-i geçit vaziyeti alıyor gibi hazır vaziyet alırlar. Ağaçlar, otlar, yeşillikler ve bütün çemenzâr, formalarını takan askerler gibi, Şâhid-i Ezelî'nin karşısında boy boy dizilirler. Başka bir an olur ki, yapraklar dökülür, varlıklar enkaz haline gelir ve zemin çöl manzarası arzetmeye başlar. İlkbaharda, yeryüzünü alabildiğine cazibedarlık, revnekdarlık içinde görmemize karşılık, hazan mevsiminde, yıkıcı, sökücü ve götürücü rüzgârların ardından, herşeyin yüzüne kül elenmiş gibi bir manzara müşâhede ederiz. Sonbaharda çölde yürüyor gibi yürürüz. Hele kış basıp da kar düşen yerlerde, hayattan ve canlılıktan eser kalmaz gibi olur. Ağaçlar kupkuru kemik haline gelir. Otlar çürür, hayatları biter. Toprak istihâlelerle tohumları çürütür.

Fakat ilkbaharda bu enkaz yeniden canlanmaya başlar. Bir de bakarsınız, o kül üzerinde yan gelmiş yatan ağaçlar, sündüs ve istebrak gibi bütün süs ve zinetlerini takınır; Şahid-i Ezelî'nin karşısında kıyâma dururlar. Ağaçlar altında pörsümüş ve solmuş o otlar, çiçekler ve toprağın altındaki tohumlar yeniden neşv ü nema bulup arz-ı didar etmeğe başlarlar. Bütün hevâmm ve haşerât ölüm uykusundan rahat rahat gözlerini açarlar, teneffüs edecekleri tertemiz havanın, yüzlerini okşadığını hissederler. Rızıklarını, toprağın sinesinde yeşillikler halinde stok edilmiş olarak bulurlar. Her baharda Cenâb-ı Hakk, milyonlarca mahlûkat çeşidini bunun gibi haşr ve neşreder.

İşte bu umumî haşr ve neşr; o kadar canlı ve revnekdar cereyan etmektedir ki, buna bakan herkes şu kanaate varır: Biz de öldükten sonra, aynen bunlar gibi, öbür âlemin baharında haşr ve neşr olacağız. Eşya ve hâdiselerin her bir parçası bu meseleye gayet şuurlu olarak hazırdır ve bu mevzuda çeşitli tablolar arzetmektedir. Fakat bütün bunları teker teker ele alıp tetkik etmek şu satırlar içinde mümkün değildir. Biz sadece bir misal verelim: Soframıza gelen, ağaçların başında bize tebessüm eden, bazen bağlar bazen de dikenler arasında bize gülüp, dudak büken meyveler... Evet, ağzımıza tad, vücudumuza kût ve gıda olan meyveler nasıl teşekkül ediyor? Bunu iyi anlayabilmek için fotosentez meselesini iyi bilmek gerekmektedir.

Fotosentez çok rahat ve bollukla hasıl oluyor. Beşer, teknik ilerlemesine ve teknolojinin baş döndürücü muvaffakiyetlerine rağmen, henüz bir ağacın yaptığı bu ameliyeyi yapmaya muktedir değildir.

Su, karbondioksit, yeşil ağaçlardaki klorofil ve güneş enerjisi; karbonhidrat denilen şekeri meydana getiriyor.

Karbondioksit, ağacın yeşil yapraklarındaki hava delikleri tarafından emiliyor ve ağaç teneffüs ediyor. Buna absorbsiyon diyoruz. Karbondioksit, ağacın yaprağı içinde bir difüzyonla, klorofilin bulunduğu yere geçiyor. Zaten yeşilliğin temel unsuru da bu klorofildir. Köklerden gelen sularla birleştiği zaman da şeker hasıl oluyor. Bu gayet basit bir ameliye ile varılan neticedir. İşte Cenâb-ı Hakk, gayet basit bir şekilde bunları meydana getiriyor. Fakat bu basitlik, sehl-i mümteni denilen bir keyfiyet arzediyor. Beşer bunu yapamıyor. Kupkuru bir ağaçtan ağzımızın suyunu akıtan meyveler, işte böyle sehl-i mümteni bir yaratılışla oluyor.

Fotosentez ameliyesi yapılırken ağaç teneffüs ediyor ve bu teneffüste bir harcama yapıyor. Fakat kendisine lazım olan asimilasyonun beş-on mislini deruhte ediyor. Sebebi de şu: Ağacın önünde kapkaranlık bir gece var. Gecede ise onun soluk alma durumu değişir. Ayrıca bir de kış var. Kışın o, bu ameliyeyi yapamayacaktır. Diğer taraftan, ağacın yeşil olmayan kısımlarının harcaması da düşünülmelidir. Bu ne müthiş bir akıl ve nasıl bir şuurdur!.. Şuursuz ağaca böyle bir şuur izafiyesi ise en büyük şuursuzluktur!

Kupkuru ağacın dalındaki bir meyveyi başıboş bırakmayan kudret, acaba kâinat ağacının meyvesi olan insanı başıboş bırakır mı? En küçük bir mahlûkun en küçük bir arzusunu yerine getiren böyle bir Zât, insan gibi en büyük bir mahlûkun en büyük arzusu olan, ebed arzusunu yerine getiremez mi?

Hayır, bekâ için yaratılan ve Bâki-i Hakikî'den başkasına râzı olmayan insan, kabre konulup çürümeye terkedilemez. O yeniden ve başka bir âlemde, oraya mahsus hayatı yaşamak üzere diriltilecektir.

Kur'ân-ı Kerim:

قُلْ سِيرُوا فِى الْاَرْضِ فَانْظُرُوا كَيْفَ بَدَأَ الْخَلْقَ ثُمَّ اللّٰهُ يُنْشِئُ النَّشْاَةَ الْآخِرَةَ اِنَّ اللّٰهَ عَلٰى كُلِّ شَيْءٍ قَدِيرٌ

"De ki: "Yeryüzünde gezin, bakın yaratmağa nasıl başladı, sonra Allah, son yaratmayı da yapacaktır. Çünkü Allah, herşeye kâdirdir." (Ankebût, 29/20)

فَانْظُرْ اِلٰى آثَارِ رَحْمَةِ اللّٰهِ كَيْفَ يُحْيِي الْاَرْضَ بَعْدَ مَوْتِهَا اِنَّ ذٰلِكَ لَمُحْيِ الْمَوْتٰى وَهُوَ عَلٰى كُلِّ شَيْءٍ قَدِيرٌ

"Allah'ın rahmetinin eserlerine bakın ki, nasıl yeri ölümünden sonra diriltiyor?! Şüphe yok ki, O, ölüleri de diriltecektir. O, herşeye kâdirdir" (Rûm, 30/50) diyerek bu hakikate işaret etmektedir.

Bir sahifede, milyonlarca kitabı birbirine karıştırmadan yazıp nazarımıza arz eden bir Zât, formalarını söküp dağıttığı bir kitabı ikinci defa aynı şekilde bir araya getireceğini vaad etse, bu O'nun kudretinden uzak görülebilir mi?

Yoktan, bir makinayı icad eden sanatkâr, daha sonra bu makinayı söküp dağıtsa ve ikinci defa aynı makinayı monte edeceğini söylese, inkâr edilebilir mi? Hiçten ve yoktan bir orduyu teşkil edip intizam altına alan bir kumandan, efradı istirahat için dağılmış bir orduyu, bir boru sesiyle tekrar toplayabileceğini söylese, ona karşı "hayır yapamazsın" denilir mi?

İşte bu basit misaller dahi âhiretin inkârının mümkün olmadığına kanaat getirtmeğe kafi ve yeterlidir. Halbuki bunun misali üç-beş değil, üçyüzbin, belki milyonlarcadır.

EN BASİT ŞEYLERE GÖSTERİLEN İHTİMAM

Bu mevzuda sadece küçük bir misâl arz etmek yeter zannederim.

Selüloz maddesi ağaçların içinde liğninle beraber odunun temel rükünlerini teşkil eder.

Çeşitli sanayi maddelerinde kullanılan selülozun kâğıt sanayiinde ayrı bir yeri vardır. Ayrıca o, elastikiyetiyle, ağaçların rüku eder gibi eğilmelerini ve bu esnada kırılmamalarını temin eder.

Selülozun, erimesi ve hazmı çok zordur. İnsan selülozlu maddeleri yese eritemez. Ancak geviş getiren hayvanların salgıladıkları enzimler, selüloz maddesini çözebilir. Selüloz, hayvanın vücudunda faydalı hale gelir ve biz de ondan istifade ederiz. Hatta dışkısından dahi gübre olarak yararlanıyoruz. Âdetâ hayvanlar, selülozlu maddelerin faydalı hale getirilmesi için bir fabrika gibi çalışıyor.

Fakat bu kadar çok selüloz maddesinin hepsini hayvanlar yiyemez. Dolayısıyla yere dökülenler de olur. Bunlar da yerdeki bakterilerin akıl durdurucu faaliyetiyle küçük moleküller haline getirilir. Bir taraftan toprak bunlardan istifade ederken, diğer taraftan yeryüzü kerih kokulu maddelerden kurtulmuş ve temizlenmiş olur.

Bakteri deyip geçmemeliyiz. Şöyle bir düşünelim. Hz. Âdem'den bu yana ölmüş olan insanlar, dünya kurulduğundan beri ölmüş olan hayvanlar ve bitkiler eğer çürümeselerdi acaba bugünkü hayattan eser kalır mıydı? Meseleyi bu kadar uzatmaya lüzum da yok. Birkaç sene içinde yaşayıp ölen sinekler eğer çürüme ameliyesine tâbi tutulmasalardı, yeryüzü birkaç santim kalınlığında sinek ölüleriyle örtülecek ve insan adım atacak yer bulamayacaktı.

Görüldüğü gibi Cenâb-ı Hakk en küçük varlıklara büyük işler yaptırıyor. Bir avuç toprakta milyonlarcası bulunan bakterilere, yeryüzünün temizlik vazifesini gördürüyor.

İşte böyle, selülozu ve bakteriyi başıboş bırakmayan; bu basit ve küçük varlıklara büyük bir ihtimam gösteren Allah (c.c) nasıl olur da insan gibi, kâinatın sultanı olan bir varlığı başıboş bırakır? Bu asla mümkün değildir.

DELİLLER... DELİLLER... ve YİNE DELİLLER...

Vücutta meydana gelen bir yara kapanıyor; kabuk bağlıyor ve sonra o kabuğu da atmak suretiyle kendi kendini tamir ediyorsa bu, o yaranın meydana geldiği uzuvdaki canlılığa delâlet eder.

Meyve, meyveyi yetiştiren ağacı gösterir... Yoldaki izler, yürüyeni ele verir. Gezip tozduğumuz yerde su sızıntıları varsa, orada su cetvelleri var demektir. İnsanda da öyle izler öyle sızıntılar ve tamirler var ki, ona bakanın âhireti görmemesi mümkün değildir.

Sınırlı ve mahdut kalıplar içerisine sıkışmış bir insana bu sonsuzluk fikri nereden geldi? Onun böyle bir düşünceye kendi kendine sahip olduğu söylenemez. Bu âlemde, ona böyle bir ilham verecek varlık da yoktur. Öyle ise ondaki bu duygu esasen başka âlemden gönderilen mesajlardan ibarettir. Su sızıntılarının su cetvellerine delâleti nasıl kat'î ise; ebediyet sızıntılarının da ebedî âlemlere delâleti o kat'iyettedir.

İnsan iç âlem ledünniyatıyla, maddî âlemde elde edemediği semereleri elde eder. İnsan öyle coşar, dünya ve mâfihaya öyle sırt çevirir ve mâsivanın üstüne çıkar ki, bu hal ve keyfiyet onun şu imkân âleminin üstünde mümkün olmayan bir varlıkla münasebetini anlatır. Şu sınırlı, yıkılan ve yapılmayan ve yapılmayacak olan dünya dahi, hiç yıkılmayacak bir yurdun olacağına delâlet eder. Bu vaziyetiyle her varlık, bir yönüyle sahibini gösterirken; diğer yönüyle öbür âlemdeki mazhariyetlerine işaret etmektedir.

İnsanın vücudundaki hücreler nasıl birbiriyle ittisal edip rabıta kuruyor; birinde meydana gelen bir arızanın imdadına koşuyor; bir vücut ayrı ayrı eyaletler gibi işliyorken, iktiza ettiğinde bu eyaletler baş başa verip müşterek düşmanı tardedip ona karşı bir temerküz ve tahşidat meydana getiriyorlar; aynen öyle de, kâinatın sînesinde, yerine göre kalp gibi atan; göz gibi ışık saçan; bazen kabz bazen de bast eden; en küçük kürelerden en büyük nebülozlara kadar bütün kâinat, âdetâ ayrı ayrı uzuvlardan meydana gelmiş tek vücut gibidir. Belki bütün kâinata müekkel bir melek vardır ki, kâinatın ruhu odur. Kâinat muhteşem keyfiyetiyle ve insandaki küçük misaliyle canlı olarak Cenâb-ı Hakk'ın isimlerine ayinedarlık etmektedir. Tıpkı insan uzuvları gibi o da yaralanmakta ve yaraları tamir edilmektedir. Einstein: "Bilemediğimiz bir sırla kâinatın uzak köşelerinde yeni yeni cisimler teşekkül etmektedir" diyor. Elbette şu kâinat denilen sarayı yapıp kurduktan sonra Cenâb-ı Hakk onu bir insan vücudu gibi serfiraz edecek ve o da vazifesini bitireceği ana kadar işine devam edecektir.

Yeryüzünde insanların vazifeleri bitinceye kadar o bir kalp gibi atacak, göz gibi görecek ve güneş gibi ışık saçacaktır. Kendisine tevdi edilen vazifeyi de şuurlu bir mü'min edasıyla yerine getirecektir. Bunun için de tahrib edilen yerleri tamir; bozulan yerlerine ilâveler yapılacak ve bu âlemin işaret ettiği ikinci bir âlem, bu kâinatın bir köşesinde inşa edilecektir.

Bizler, eşya ve hâdiselere bütünüyle nüfuz edemiyoruz. Onların arasında halden ve dilden anlamayan seyirci ve müşahitler gibi dolaşıyoruz. Onun için de hangi şeyden neler olur henüz bilemiyoruz. Belki bir gün eşya ve hâdiselerin ruhunu kavrasak, bunların var ediliş keyfiyetine tam nüfuz etsek; hayatımıza tuzak kurmuş mikroplardan dahi en büyük şekilde istifade etme kapıları açılacaktır. Belki de çeşitli mikroplar üreten fabrikalar kuracak ve memleketin gelir kaynaklarından en büyüğünü keşfetmiş olacağız. Fakat şu anda bizler, akan bir ırmağı sadece seyreden ve ondan çok çeşitli yönleriyle istifade edemeyen insanlar durumundayız. Evet, eşya ve hâdiseler akıyor ve biz de sadece bakıyoruz. Halbuki Allah Rasûlü (s.a.s) bir duasında, Cenâb-ı Hakk'tan eşya ve hâdiselere nüfuz edebilmeyi talep ediyor ve "Allahım bana eşyanın hakikatını göster" diyor. İnsan için ideal ufuklardan birisi ve belki de en birincisi eşyanın hakikatına nüfuz edebilme keyfiyetini kazanabilmektir. İşte bu keyfiyetle kâinat tetkik edilse, her eşya ve hâdisenin verâsında, ince bir perde arkasında âhiret görülüp müşahede edilecektir.

Yeryüzünde diken gülle, bülbül kargayla, beraberdir. Esasen birbirine zıt gibi görünen eşya yekdiğerini tamamlamaktadır. Kâinatta abes ve boş hiçbir hâdise ve eşya yoktur. Mesela yeryüzündeki bütün köpekleri yok etsek; kâinatın sinesinde bir boşluk meydana gelir. Bir zaman Batılı bir mütefekkir, bir kuş türünün tükenmeye yüz tuttuğunu ve bu sebeple kâinatta mühim bir gediğin açılacağını gazeteler diliyle ilân etmişti.

Kâinatın seyri içinde, herkese ve herşeye bir vazife düşmektedir. Onun için kâinatın sinesinden neyi alırsanız alın, orada bir boşluk, tarrakalar çıkaracak ve "Kâinatta bir boşluk meydana geldi" diyecektir.

Nebiler Nebisi (s.a.s) Buharî ve Müslim'de: *"Eğer köpekler başlı başına bir millet olmasaydı hepsini öldürürdüm"*[13] buyuruyor. Köpekler dahi, tek başına aynen insanlar gibi bir millettir. O da omuzuna büyük vazifeler almış ve bir gediği kapatmaktadır. İnsanlara saldıran, evlere meleğin girmesine mani olan ve insan vücuduna zararlı birtakım mikropları taşıyan köpeklerin belki öldürülmesi gerekirdi. Fakat öldürülmüyor. Zira, bu kâinat sarayında onun da bir yeri vardır. Ancak asıl mesele onun yerini bilmek ve onu yerine koymaktır. Onlar öldürülse meydana gelecek zarar önü alınamayacak kadar büyük olacaktır.

Ağaçların içindeki bakteriler yok edilse, birkaç sene sonra meyvelere öyle şeyler musallat olacak ki artık onları bu tasalluttan kurtarmak mümkün olmayacaktır. Zira, Cenâb-ı Hakk, birbirine mukabil varlıklarla kâinatta bir denge ve düzen kurmuştur. Siz mukâbillerden birini ortadan kaldırdığınızda diğerinin istilasıyla karşı karşıya kalırsınız.

Evet, kâinat öyle bir binadır ki, bu binayı meydana getiren taşların hepsi birbiriyle irtibatlıdır. Oradan küçücük bir taşı çıkarayım derseniz, binayı başınıza yıkarsınız.

Ayrıca, hâdiselere devreler hakimdir. Yedi senelik fâsılalarda hububatın; ondört senelik fasılalarda ise balıkların

---

13) Ebu Dâvud, Edâhi, 22; Tirmizî, Sayd, 16-17; Neseî, Sayd, 10; İbn Mâce, Sayd, 2; Dârimî, Sayd, 3; Ahmed b. Hanbel, 4/85; 5/54, 56, 57

çok bol ve mebzul olarak elde edildiğini bir ilim adamı tesbit etmiştir. Eğer bu devreler mevzuu, ilmî hüviyetiyle ve tam mânâsıyla tetkik edilse, beşerin içtimaî ve iktisadî çok meseleleri halledilecektir. Kur'ân-ı Kerim'de ve bilhassa Sure-i Yusuf'da bu devreler meselesine işaretler vardır. Şu küçük devrelerin bir intizam ve nizam içinde cereyan ve deveran etmesi, işaret ve isbat ediyor ki, dünya hayatı da bir devirdir. O da bir gün bitecek ve ardından başka bir devir başlayacaktır. Dünyada bolluk ve bereket içinde yaşayan insan, kıtlık mânâsını taşıyan bir kabir hayatını da yaşayacak. Sonra da apaçık bir haşir devresine girecektir. Onun ardından, sıkıntı ve ızdırap içinde bir hesap verme hayatı, daha sonra da sırattan geçme devresi gelecek. Varabilen cennete varacak ve görebilen Cenâb-ı Hakk'ın cemâlini görecektir. Fakat verilen nimetlerde veya aksine ızdıraplarda, ülfet ve alışkanlık olmayacak. Cennet veya cehennemde de ayrı ayrı devrelerde karşılaşılacaktır.

Adiyy b. Hâtim (r.a) -ki dünyanın en cömert insanı olan Hâtim-i Tâi'nin oğludur. Önce Hıristiyanlığa süluk etmiş ve ardından da hak din olan İslâm'ı bulmuştur - şöyle der: "Allah Rasûlü (s.a.s) dünyaya ait bazı hâdiseleri daha vukû bulmadan önce haber vermişti. Bir de ayrıca âhirete ait haberler verdi. Dünyaya ait verdiği haberler aynen çıktı. Bununla anlıyorum ki âhirete ait verdiği haberler de aynen zuhur edecektir."[14]

Allah Rasûlü (s.a.s) Hz. Enes'e (r.a) dua etmişti: "Allahım onun ömrünü uzun ve evlatlarını çok et. Onu cennetine

---

14) Buharî, Menâkıb, 25; Biraz lafız farkıyla Ahmed b. Hanbel, 4/257, 378.

koy!" Hz. Enes (r.a) yüz yaşından fazla yaşadı ve kendi ifadesiyle yüz tane evladını kendi eliyle defnetti. Hz. Enes (r.a) şöyle derdi: "Allah Rasûlü (s.a.s)'nün benim için ettiği duadan ikisini gördüm ve üçüncüsünden de ümitliyim."[15]

Biz Cenâb-ı Hakk'ın koyduğu bir devreler âlemi içinde yaşıyoruz. Fakat bu devran, kafiyesiz bir şiir gibi bitiyor. Öbür âlem bu şiire kafiye olup tamamlayacaktır. Bu dünyaya ait haber verilen hâdiselerin aynen tahakkuku; mü'mini mesrur ve kâfiri mahzun edecek bir hâdisenin de tahakkuk edeceğini isbat etmektedir.

İnsan doğar doğmaz bir taraftan yaşamaya diğer taraftan da ölmeye başlar. Her doğuş bir ölümün ve her ölüm de yeniden bir doğuşun habercisidir. Eğer neticede ebedî bir doğuş yoksa, yeryüzünün en talihsiz varlığı insandır. İnsanlar içinde de en talihsizi nebiler ve nebiler içinde de İki Cihan Serveri'nin en talihsiz olması icab eder. Halbuki O, bütün bir cihanın yaratılma sebebidir. İnsanlık ağacı öyle bir meyve elde etmek için dikilmiştir. İnsanın yeryüzüne gelmesinden, insanlık içinde zuhur eden nebilere kadar her hâdise, neticede âhireti isbat eder.

Ayrıca: Cenâb-ı Hakk'ın, Allah; Peygamberimiz'in Rasûlullah; ve Kur'ân'ın Kelâmullah olduğunu isbat eden bütün deliller aynı zamanda âhireti de isbat eder. Zira iman bir bütündür; tecezzi ve inkisam kabul etmez.

---

15) Buharî, Daavât, 18, 47; Müslim, Fedâilu's-Sahâbe, 141, 142; Mesâcid, 268; Ahmed b. Hanbel, 3/248.

TARİH ve FELSEFE "ÂHİRET VAR" DİYOR

Tarih, haşir akîdesi zaviyesinden ele alındığında, ilk insandan günümüze kadar insanlık çapında bir haşir inancının var olduğu müşahede edilir. Will, medeniyet tarihinde çeşitli milletlerin öldükten sonra dirilme mevzuundaki kanaatlerini, nasıl mezarlara gömüldüklerini, duvarlarına yazdıklarını ve dehlizlerinde mevzu ile alâkalı resimlerin tesbit edildiğini anlatır. Dünyanın en maddeperest insanları olan firavunlar dahi öldükten sonra dirilme mevzuunu ele alıyorlardı. Firavun mezarlarındaki kazılarda şu mânâyı ifade eden sözler bulunmuştur: "İnsanlar öldükten sonra, mücrimler yerin altında, çirkin suretlere dönüşmek suretiyle ebedî kalacaklar, sâfi ve tertemiz ruhlar ise; meleklere iltihak edecek yüceler içinde bir hayat yaşayacaklar."

Bu itikad sebebiyledir ki, firavunlar, mezarlara yiyecek, içecek ve en güzel elbise ve zinet eşyalarını da beraber koyduruyorlardı. Anlayışta inhirafla beraber âhirete itikattır ki, onlara bunu yaptırıyordu. Ayrıca mezarları içine alan dehlizlerin duvarlarına balık ve yılan resimleri yaptırıyor, ilahların bu resimlerden hoşlandıklarına inanıyorlardı. Bu inanış dahi onların, öldükten sonra başlayan ikinci bir hayata itikad ettiklerini isbat ediyor. Zira yaptırdıkları bu resimlerle, -itikatlarınca- ilahlarının rızasını kazanacaklar ve böylece diğer bir âlemde rahat edeceklerdir.

Bir de kitâbü'l-mevtâ denilen ölülerle beraber gömülmüş vasiyetname veya dua mânâlarını taşıyan kitabeler var. Bu kitabelerle âdetâ ölü dile getirilip konuşturuluyor: "Selam sana ey yüce ilah! Sonsuz cemalini müşahede etmek için huzuruna geldim. Lütfet de cemâlini göreyim, bunu gözetiyorum. Ben kimseye zulmetmedim. Hıyanette bulunmadım. Kimseyi ağlatmadım. Kimseyi öldürmedim. Cebr ve tagallüpte bulunmadım... Halimi sana arzederek huzuruna geldim. Derdim cemâlini görmektir." İşte bu veya bu mânâya gelen kitabeler dahi bize o devrede bir âhiret inancı olduğunu anlatmaktadır.

Bütün beşer ayrı ayrı yerlerde, ayrı ayrı kültür şartları altında ve ayrı ayrı zamanlarda neş'et etmelerine rağmen; hepsinin mezarını, ocağını karıştırsak, oradan mazinin sessiz narasıyla "Ebed, Ebed!" dediğini duyacağız.

Şehristânî, Zerdüşt'ün şöyle dediğini nakleder: "İnsan dünyaya vazifeli olarak gönderilmiştir. Vazifesini iyi yapanlar sâfileşerek mele-i âlânın sakinlerine iltihak edecekler. Yapmayanlar da, ebedî olarak yerin dibinde mahkûm kalacaklar."

Gerçi bu sözler tercüme edile edile, esas lafızlarındaki nüanslardan uzaklaşmıştır. Ancak ifade edilmek istenen mânâ aynıdır ve esas mühim olan da bu mânâyı ifadedir.

Nasıl ki Mısır'da firavun, bütün firavunluğuna rağmen öldükten sonra dirilmenin kavgasını veriyorsa; İran'da da Zerdüşt ve müntesibleri aynı dâvânın kavgasını veriyorlar.

Hindistan, yüzlerce dinin bulunduğu bir yerdir. Belki de aynı dinin içinde yetişen büyük ve ulular, daha sonra esas mânâ ve mahiyetinden uzaklaştırılarak ayrı birer din kurucusu gibi telâkki edilmiş ve bu kadar çok dinin zuhuruna işte böyle bir hata sebebiyet vermiştir. Bütün bu ayrı ayrı dinlerin birleştikleri bir nokta vardır; o da, ruhların hayatlarının devam ettiği inancıdır. İslâm prensiplerine göre hatalı bir inanış olan tenâsüh akîdesi Hindistan'da hâkimdir. Bu yönüyle onların itikatları yanlış ve hatalıdır. Ancak bizim üzerinde durduğumuz mevzu, ruhların ölümsüzlüğüne inanışlarıdır. Tenâsüh akîdesinin mahiyetinde ihtilaf eden bu dinlerden bazısında, durmadan ceset değiştirme ve birinden diğerine geçme; sadece süflî ruhlara mahsustur. Diğerlerine göre, bütün ruhlar böyle bir ameliyeye tâbi tutulur. Ancak her iki ayrı kanaatin birleştiği husus; neticede ruhların bu devirleri tamamlayıp bir noktada duracağıdır.

Budha, ruhların devr-i dâim içindeki çilesine tahammül edemez. Ona göre ruhların devr-i daimi yoktur. Belki ilk başlangıçta böyle bir devir olabilir. Fakat esas olan ruhların Nirvana'ya gidip dayanmasıdır. Bu, vücudun Mutlak'a dönmesi demektir.

Bütün Hint edebiyatı dikkatle tetkik edilse damla damla âhiret inancı takattur ettiği görülecektir. Onlarda da ölen insanın cesedi yakılır. Bu hareketi, belki de tenasüh akîdesi doğurmuştur. Gâye, ruhun aynı cesede dönüp tekrar aynı ızdıraplara duçar olmamasını temindir. Bu dahi yine âhiret akîdesinin mevcudiyetine bir delildir.

Yunan tarihçisi Homeros, sık sık ruhların barınağından

bahseder. O, burada cesetler giyerek kendilerini gösteren ruhların, başka bir yerde barınaklarının olduğunu kabul etmektedir.

Haşir akîdesi mevzuunda söz söyleyenlerden birisi de Pythagoras'dur. Ona göre bir nefis temiz ise, yüksek âlemin yüksek varlıklarına iltihak eder. Aksi takdirde, etrafı alevlerle sarılacak olan yeryüzünde mahbus kalacaktır. İnsanlar zât ve şahsiyetleriyle haşr olacaklardır. Başkasının şahsiyeti içinde değil; herkes kendi öz şahsiyeti içinde dirilecektir. Bu diriliş ise ister lâtif ister kesif olsun, cismânî olacaktır.

Sokrates'in kendine ait kitabı yoktur. Onun bütün düşüncelerini Eflâtun nakleder. Zaten Sokrat'ın idamını gerektiren sebeplerden birisi de âhirete inanması ve gençliğe bu inancı aşılamasıdır. Eflatun ise onun bu fikirlerinin müdafiidir. O bu mevzuda birçok deliller getirir. Bunlardan bazısını arz edelim:

Tabiat-Fazilet Delili: İnsan fazilet için yaratılmıştır. Onun faziletli olabilmesi; behîmî ve şehevî hislerden uzaklaşabilmesi ile mümkündür. Bu ise bir insan için mahrumiyettir. Nefsin bedenden ayrılması demektir. Öyleyse insanın kendi nefsine zıt olarak böyle bir mahrumiyete katlanması daha sonra serfiraz olacağı bir hayatın var olduğuna delildir.

Tevâli-i Ezdad Delili: Dünyada zıtlar birbirini takip ediyor. Baharı kış, kışı bahar; zulmeti nur, nuru zulmet; geceyi gündüz, gündüzü gece; ve hayatı ölüm, ölümü de bir hayat takip ediyor. Şu upuzun dünya hayatının vefatı da yeniden bir doğum getirecektir. Işık karanlığı kovaladığı gibi dünya karanlığı kovalayan apaydın bir âhiret olacaktır.

Zâkire Delili: İnsan bazen, ilk defa karşılaştığı bir manzarayı, sanki daha evvel görmüş gibi hatırlar. Halbuki bu dünyada onunla ilk defa karşılaşmıştır. Hayat birbirinden farklı karelerin, yekdiğerini takip etmesinden ibarettir. Demek oluyor ki, bizim burada hatırladıklarımız buraya gelmeden evvel başka bir âlemde yaşadığımız şeylerdir. Öyle ise, bu âlem daha evvelki âlemin bir neticesi ve kendinden sonra gelecek bir âlemin de başlangıcıdır.

Gerçi bu son delilde biraz tenasüh akîdesi sezilmektedir. Zaten Eflâtun buna inanmaktadır. Fakat bizim üzerinde durduğumuz mevzu, onun âhiret inancı ve bu mevzuda tahşidat yapmasıdır.

Aristo şöyle der: "İnsan maddesinin dışında mücerred bir varlık vardır ki, o ölümsüzdür."

Aristo maddecilerin bayraklaştırdıkları bir filozoftur. Buna rağmen, hiçbir kayıtla bağlı olmayan ölümsüz bir varlığın mevcudiyetinden bahsetmektedir. İnsan belki cesediyle çürüyecek, fakat, mezar onu herşeyi ile kuşatıp hapsedemeyecektir. Mezarı, maddeyi, cesedi ve dünyayı aşarak öbür âlemde kanat çırpacak mücerred bir varlık vardır...

Revakiye ekolünün imamı Zenon: "İnsanın bedeninden başka bir nefis daha vardır ki, insan öldükten sonra bu nefis devam edecektir" der. Revakiye'nin ahlâk prensipleri vardır. Bu prensipler içinde de şunu görüyoruz: "Bu kâinatı bu kadar güzel yaratan, insana olan sevgisiyle kâinatı tanzim eden Zât'ın insanı öldürüp bir daha diriltmemesi mümkün değildir."

Heraklit de bu mevzuyla alâkalı olarak şöyle der: "İkinci

neş'ette insanlar, yıldızlar etrafında ateşten çember olmuş olarak dirilecekler. Oradan kurtulamayan habis ruhlar o ateş içinde azab görecekler. Sâfi ruhlar ise kesiflerin arasından sıyrılarak tasaffi edecek ve mele-i âlâya yükselecekler. Öbür âlemin seması yıldızsız olacak. Yıldızların hepsi dökülerek bu âlemin etrafını saracak ve cehennemi meydana getirecektir."

İşrâkiye mektebinin bizim içimizde yetiştirdiği büyükler de vardır. Sühreverdî, Hallâc-ı Mansur ve devrinin imamı kabul ettiğimiz Muhyiddin-i Arabî bunlar arasındadır. İşrâkiye Endülüs'te de İslâm filozofları tarafından kabul edilmiş ve Yeni Eflatunculuk (Neo Platonizm) İslâm âleminin bütününü sarmıştır. Neo Platonizm bütün mektep ve medreseleriyle öldükten sonra dirilmenin, bu hayatın zarurî bir devamı olduğuna parmak basmış ve bu hakikati kabul etmiştir. Bütün bunlardan da anlaşılıyor ki, felsefe tarihi -Epiküras ve Demokritos gibi maddeden başka hiçbir şey görmeyen birkaç sığ düşünceli bağnaz görüşlü istisnâ edilecek olursa- âhiret akîdesine, ruhun bekâsına inanan ve bu mevzuda tahşidat yapan binlerce filozofun fikirleriyle doludur.

Descartes'in Allah'ın varlığı ve ruhun ölümsüzlüğünü anlatan "Saniha" diye bir eseri vardır. Mevzu ile alâkalı kalbine doğanları kaydettiği bu eserde, ilk defa, nefsin mücerred bir ruh olduğunu ve ölümsüzlüğünü ciddi olarak ele alıp tahlil etmiştir. Descartes, ruhun nasıl bekâ bulacağını başka bir eserinde anlatacağını vaad etmiş, fakat elde mevcut eserleri arasında bu mevzuyu ele aldığı bir eseri bulunamamıştır. Ancak Saniha'sında âhirete ait meseleleri öyle güzel tahlil etmiştir ki, ikinci bir esere ihtiyaç kalmamıştır.

Descartes'ten sonra ilâhiyatçı filozoflar vardır. Leibniz ve Spinoza bunlardandır. Leibniz monatlar prensibini kullanır: "Monatlar nâmütenahi inkişâf etme durumundadır. Halbuki burada zaman sınırlıdır. Dolayısıyla nâmütenahi inkişaf olamaz. Olabilmesi için zamanın sınırsız olması gerekmektedir. Demek ki, bu monatların nâmütenahi inkişaf edebilecekleri, zamanı sınırsız bir âlem olacaktır. Öyleyse her şahıs monatlarını inkişaf ettirmek için ebedî ve bâki olarak yaşayacaktır."

Spinoza ise meseleyi umumîleştirir. Şahsî olarak değil de umumî olarak, toptan ve yekvücud halinde bir yaşayışın olacağını söyler. O, bu düşüncesiyle vahdet-i vücud akîdesine sahiptir. Meseleyi günümüze kadar uzatıp Pascal ve Bergson'un da haşir akîdesine inanan filozoflar olduğunu söyleyebiliriz.

"Maarri" dinsiz bir şairdir. Yer yer dinî meselelerle alay eder. Fakat o dahi Risaletü'l-Güfran'ın da Kur'ân-ı Kerim'den iktibasla haşir gününü tablolaştırmaya çalışmıştır.

Dante, cennet, cehennem ve Araf tasvirleriyle sanki Maarri'nin adaptasyoncusudur.

Bunlar ve bunlar gibi, esasen din düşmanı oldukları halde, haşir akîdesine temas etmeden edemeyen binlerce edip ve şair vardır. Evet, haşir akîdesi öyle bir gerçektir ki, düşmanlarına dahi kendini tasdik ettirmiştir.

SEMÂVÎ KİTAPLAR ve ÂHİRET

Kur'ân-ı Kerim'in beşte üçü âhiretle alâkalıdır. Bu mevzuda birkaç misali daha önce zikretmiştik. Burada sözü yine oraya havale etmekle iktifa edeceğiz.

Tevrat, Hz. Musa (s.a.s)'dan günümüze kadar birçok defa tahrif edildi. Hatta Efendimiz (s.a.s) zamanındaki Tevratlarda mevcut olan bazı ayetleri bile şimdi bulmamız mümkün değil. Kısas ayeti, buna bir delil olarak gösterilebilir.

Tevrat, tamamen maddîleştirildi. Gün be gün mânâya ait yüce mefhumlar teker teker silinip, yerine tam zıddı fikirler yerleştirildi. Buna rağmen işaret kabilinden dahi olsa, Tevrat'ta âhirete ait birçok meselelere temas edilmiştir.

İncil, bir cihetle Tevrat'ta tahrif olunanları tashih, tahrif olunmayan hususları ise tasdik için gelmiştir. O günün Tevrat'ında âhirete ait meseleler anlatıldığından dolayı, İncil bunu tasdik etmekle yetinmiş ve meselenin tafsiline girmemiştir. Böyle olmasına rağmen yine biz yer yer onda da âhirete ait mânâları ifade eden ayetler buluruz.

Matta İncil'i Beşinci İshah'da şu ayetler var:

"Kim bu dünyada salih amel işlerse, o, Rabb'in melekûtuna yükselecektir."

"Müjdeler olsun miskinlere! Onlar melekût-u semavata

yükselecekler."

"Müjdeler olsun merhametlilere ki, onlar öbür âlemde Allah'ın merhametine mazhar olacaklar."

"Müjdeler olsun müttakilere ki, onlar Rablerini görecekler."

"Göklerin ve yerin melekûtunun misali şuna benzer: Zürra tarlaya tohum atar. Bu tohumlar biter. Matlup olan semaya doğru ser çeker ve büyür. İçinde birtakım dikenler de boy gösterir. Bunu görenler tarlanın sahibine müracaat edip derler: Seyyidimiz! Mahsulü matlup olan bu güzel bitki nema buldu yeşerdi, fakat aradaki bu dikenler de nedir? Cevap verir: "O da bu da gerek!" Havâriler Hz. Mesih'e sordular: "Bunu bize izah eder misin?" Hz. Mesih: "Evet", diyor ve anlatıyor: "O tohumu atan Allah (c.c)'tır. Mezra ise yeryüzüdür. Ekilen tohum, beşerdir. Matlup olan mahsul ise salih insanlardır. Dikenler ise kâfirlerdir. Burada iyi kötüyle beraber bulunacaktır. Fakat âhirette iyiler melekût-u semâvâta yükselecek; kötüler ise cehenneme girecektir."

Matta İncili Yirmibirinci İshah:

"O gün melik gelecek. Ebrar sağında; eşrar ise solunda yerlerini alacaklar. Melik, ebrara şöyle diyecek: "Sizi bugün mükâfatlandıracağım. Çünkü dünyada iken ben acıktım, yedirdiniz. Susadım, su verdiniz. Mahpus oldum, âzad ettiniz. Garip kaldım, beni barındırdınız. "Onlar melike şöyle diyecekler: "Rabbimiz! Sen nasıl acıkır, susar, mahpus olur ve garip kalırsın? Zira sen Rab'sin!.." Allah (c.c) onlara şöyle karşılık verecek: "Dünyada benim zaif ve garip kullarım vardı. Siz biliyordunuz ki, onlara yedirdiğiniz, içirdiğiniz zaman bana yedirip içirmiş gibi oldunuz. Onları âzad ettiğiniz ve barındırdığınızda sanki bu iyilikleri bana yapmış gibi oldunuz."(*)

Sonra da Rab, solundakilere döner ve şöyle der: "Sizi bugün ta'zib edeceğim. Çünkü acıktım birşey yedirmediniz. Susadım, içirmediniz. Garip kaldım, barındırmadınız. Mahpus oldum, âzad etmediniz." Onlar da aynı şekilde "Ey Rabbimiz! Sen nasıl acıkır, susar, garip kalır ve mahbus olursun!?" derler. Bunun üzerine Melik: "Bilmiyor musunuz, eğer benim dünyada bazı kullarım acıktığında doyursaydınız, susadığında su içirseydiniz, garip kaldığında barındırsaydınız ve mahpus kaldıklarında âzad etseydiniz, bütün bunları bana karşı yapmış gibi olacaktınız" der.

İncil'de bunlara munzam daha birçok âyetlerde, hemen hemen Kur'ân-ı Kerim'in ifadelerine mutabık şekilde âhirete ait meseleler dile getirilmiştir. Fakat bu mevzuda esas söz sahibi; her türlü tahrip ve tahriften korunmuş olan Kur'ân-ı Kerim'e aittir ki, biz yukarıda bunları Kur'ân-ı Kerim'in haşri isbat metodunda mücmel de olsa zikretmiştik.

---

*) Bir hadis-i şerifte bazı nüanslarla bu ifadeye yer verilmiştir. Efendimiz ne İncil okumuş ne de bu ifadeleri duymuştur. Demek oluyor ki mişkat-ı nübüvvet her iki peygambere de aynı şeyi aksettirmiştir.

YENİDEN DİRİLİŞ KEYFİYETİ

Mahşer, beşerin ruhen ve ceseden dirileceği bir yerdir. Kur'ân-ı Kerim, meseleyi bize takdim ederken, ayrı ayrı tablolar halinde de olsa bu şekliyle takdim etmektedir. Ruhun ehemmiyet kazandığı yerde ruh, cesedin ehemmiyet kazandığı yerde ise cesed anlatılmaktadır.

يَٓا اَيَّتُهَا النَّفْسُ الْمُطْمَئِنَّةُ ❊ ارْجِعٖٓى اِلٰى رَبِّكِ رَاضِيَةً مَرْضِيَّةً ❊
فَادْخُلٖى فٖى عِبَادٖى ❊ وَادْخُلٖى جَنَّتٖى ❊

Ey huzura eren nefis! Razı edici ve razı edilmiş (yaptığın işlerle Allah'ı memnun etmiş ve aldığın nimetlerle Allah tarafından memnun edilmiş) olarak Rabb'ine dön! (İyi) kullarım arasına gir! Cennetime gir!"(Fecr, 89/27-30) derken, sadece ruhun Cenâb-ı Hakk'a avdet ve ric'atini anlatmaktadır. Fakat umumî kıyametin anlatılmasında, baharın, ağaçların, maddî ve kesif şeylerin misal verilmesinde ise; eşbah ve cesetlerin haşr ve neşr olacağı dile getirilmektedir.

Biz burada bu gibi meselelerin münakaşasını yapıp, iki ayrı görüşte olanların delillerini serdedecek değiliz. İslâm ulemâsı arasında, bir iki şahıs, "haşir sadece ruhlara mahsustur" dese dahi; ulemânın büyük bir çoğunluğu ruh ve cesedin beraberce haşrolacağına kâildir. Ayrıca "ceseddeki zerrelerin hepsi mi, yoksa insanın çekirdeği mahiyetinde olan asıl zerreler mi haşrolacak?" şeklindeki istifhamın uzun boylu tafsiline de girişmeyeceğiz. Bu mevzuda İmam Gazalî ile İmam Fahreddin er-Râzî arasında farklı düşünceler serdedilmiştir. Biz haşrin hakikatine Kur'ân ve hadislerin anlattığı şekilde inanır ve meselenin bize ait olmayan yönünü Cenâb-ı Hakk'ın ilmine havale ederiz.

Cennet ve cehennem iki mühim neticedir. Cenâb-ı Hakk'ın esmâ ve sıfatları her ikisini de iktizâ etmektedir. Ve inanan için hem cennet hem de cehennem her ikisi de rahmettir. Sure-i Rahman'daki:

يُرْسَلُ عَلَيْكُمَا شُوَاظٌ مِنْ نَارٍ وَنُحَاسٌ فَلَا تَنْتَصِرَانِ ❊ فَبِأَيِّ الَاءِ رَبِّكُمَا تُكَذِّبَانِ

"İkinizin de üzerine, ateşten yalın alev ve kıpkızıl bir duman (yahut erimiş bakır) gönderilir, kendinizi savunamazsınız. Şimdi Rabbinizin hangi nimetlerini yalanlıyorsunuz"(Rahmân, 55/35,36) âyetleri bize bunu anlatır. Onların üzerine atom bombasının tesirinin veya güneşin merkezindeki hararetin ancak fikir verebileceği korkunç ateşler salıverilecek. İşte Kur'ân-ı Kerim böyle bir ateşin salıverilmesinin hemen ardından cin ve inse *"Rabbinizin hangi nimetlerini yalanlarsınız?"* diye hitab ediyor. Burada kastedilen nimet nedir? Cehennem bütün dehşetiyle insanın içinde bir ürperti hasıl ederek, mü'minin hayatını tanzim hususunda ona bir fikir veriyorsa, işte bu onun için bir nimettir.

Cennet, ulvî duygulu insanlar için onları yüksek zirvelere sevketmekte âmil olduğu gibi, cehennem de, seviyesi olgunluğa ermemiş insanların ondan korkmaları sebebiyle hayatlarını ciddi bir kontrol altına almalarına sebeptir. Evet, cehennem, tehlikeli bir yolda yakılmış bir ateş gibidir. O yola düşmekten insanı korur. Cennet ise, müstakim yola kurulmuş bir sofradır, insanı o yola dâvet eder. Böylece her ikisi de neticeyi düşünebilen insanlar için ayrı ayrı birer nimet olmuş olur.

Kur'ân-ı Kerim, cennet ve cehennem hakikatini yüz yirmi küsur yerde ele alır. Mücmel veya mufassal olarak anlatır. Bu anlatışlarda hem cehennemi hem de cenneti tablolaştırırken, ruh ve cesed beraberliğine de işaret eder. Cennete giren insanın yüzü beşaşet içindedir; ve bu ruhen huzurlu oluşun ifadesidir. Bir de orada canının istediği her türlü yiyecek ve içecek hazırdır. Dünyadaki hanımlarıyla beraber, sayısız huriler etrafında dönüp durmaktadır. Bu ise cesede ait yönüyle nimetlerinin sıralanışıdır.

Cehennem ehlinin pişmanlıkları, vicdanlarını kanatan ızdırapları hep rûhîdir ancak, alev alev ateşin içine girmeleri; yanan derilerinin yerine azabın yenilenmesi için derhal yeni deri giydirilmesi; ve âzâlarının kendi aleyhinde şahitlikte bulunması gibi hususlar ise tamamen cesede mahsus azap çeşitleridir.

Bizim bu başlık içinde cennet ve cehenneme temas etmemiz, sadece ruh ve cesed beraberliği hakkında Kur'ân-ı Kerim'in işaretlerine dikkat çekmek içindir. Yoksa bu mevzu, ayrı, müstakil ve uzun bir mevzudur.

ÂYETLER FİHRİSTİ

Sayfa **Âyet Nu.** **Âyet metni**

HADÎSLER ve ESERLER FİHRİSTİ

Sayfa Numarası — **Hadîs Metni**

KARMA FİHRİST